더 노력해야 한다는 착각

내 안의 불안과 우울, 분노의 근원

더 노력해야 한다는 착각

저우무쯔 지음 | 차혜정 옮김

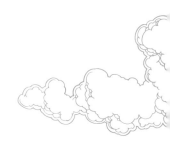

매일경제신문사

노력의 본질에 대하여

나는 인지심리학자다. 인간 생각의 '작동 방식'을 가장 미시적이면서도 과학적으로 연구하는 게 바로 인지심리학이다. 그런데 우리들 사이에서 자주 주고받는 농담이 하나 있다. 그것은 바로 "인지심리학자들이 제일 못마땅해하는 말이 '노력'이라는 단어"라는 말이다. 왜 그럴까? 설마하니 인간이 무언가를 제대로 하는 데 가장 중요한 원동력인 노력의 의미를 몰라서 하는 말은 아닐 것이다. 그럼에도 불구하고 이 노력이라는 것의 가치와 중요성에 꽤 큰 의심을 품는 이유는 명확하다. 노력이 오남용하기 쉬운 약과 같기 때문이다. 안약은 눈에 넣으면 약이지만 입을 통해 내장에 넣으면 독약이 되는데, 노력이 바로 이 안약과 성격이 같다.

인간은 다른 어떤 생명체보다도 상황, 맥락, 성격, 문화 등 수많은

요인들과 상호작용한다. 그래서 같은 노력으로 같은 일을 해도 그 결과의 차이는 정말이지 무궁무진하게 다를 수밖에 없다. 그러므로 무작정 노력한다고 해서 긍정적인 결과가 나올 거라는 보장도 없고, 더 나아가 행복한 삶을 기대하는 것은 말 그대로 무책임한 생각에 가깝다. 그럼에도 불구하고 꽤 많은 이들이, 심지어 나쁜 짓을 저질러 범죄자가 되는 순간에도 억울해하며 "난 열심히 산 죄밖에 없어!"라고 항변한다. 게다가 '그 사람은 열심히 노력했으니 죄를 좀 감해줘야 한다'는 식의 논리도 심심치 않게 우리 귀에 들려오곤 한다. 더 안 좋은 것은 노력을 잠시 멈춰야 할 때도 노력을 하게 된다는 것이며, 이에 남는 것은 온갖 종류의 상처뿐이다. 몸과 마음 양쪽 모두에 말이다.

예를 들어볼까? 노력했는데도 삶이 불행해지거나 뜻대로 되지 않으면 우리는 결국 '운'이 나쁘다는 결론에 도달하며, 노력한 만큼의 반대급부에 해당하는 실망과 분노를 그 '운 없음'에 쏟아낸다. 이러한 성향이 가장 강한 사람은 아마도 한국인일 것이다. 정말이지 한국인은 그 누구보다도 '노력'을 좋아한다. 열심히 사는 것을 그 어떤 가치보다도 중요하게 생각해온 사람들이다. 유럽의 친한 심리학자들로부터 종종 이런 이야기를 듣는다.

"경일, 한국 동화에는 정말 흥미로운 공통점이 있어. 악당들이 모두 게으르다는 거야."

그렇다. 한국에서는 '악'의 필수 조건이 노력하지 않는다는 것이며, 반대로 '선'의 기본 필수 조건은 근면함이다. 그래서 우리는 저우무쯔가 염려하는 '잘하는 것은 중요한데 자신이 괜찮은지는 중요하지 않은 사람들'의 전형적인 모습을 가지고 있다.

우리는 항공기나 우주선과는 비교할 수 없을 만큼의 초정밀 기계다. 그런데 이런 장비일수록 기체 연한이 피로도와 직결된다. 즉 오래 사용하려면 그만큼 적정한 사용과 관리가 필요하다. 정밀하고 복잡한 존재일수록 더더욱 그렇다. 게다가 인간의 수명이 호모사피엔스의 지난 수십만 년 역사 중 유래를 찾아볼 수 없을 정도로 길어진 상황에서는 더더욱 그러하다.

《행복의 기원》의 저자 서은국 교수는 우리에게 '행복은 목표가 아니라 도구'라고 조언한다. 행복하기 위해 사는 것이 아니라 살아가기 위해 행복해야 한다는 것이다. 서 교수의 이 책은 명저인데, 그 이후를 연결하는 또 다른 명저가 탄생했다. 바로 이 책이다.

김경일(인지심리학자, 아주대학교 교수)

지나친 노력이 남긴 마음의 상처

한동안 글을 쓰지 않다가 이번에 '과도 노력過度努力'이라는 주제로 책을 펴냈다. 이 주제를 택한 배경이 주변 사람과 업무상 접촉하는 사람들 가운데 '지나치게 노력하는' 사람이 많아서인지도 모르겠다. 그들의 노력과 끈기, 생명과 생존에 대한 두려움은 때때로 마음 가장 깊은 곳을 건드린다. 사실 누군가의 눈에는 내가 지나치게 노력하는 사람으로 비칠 것 같았고, 이것은 이 책을 쓰게 된 계기로 작용했다. 물론 나는 그렇지 않다고 생각하지만 말이다('과도 노력'의 징후 중 하나로, 다른 사람들이 지나치게 노력한다고 지적해도 당사자는 아직 그 정도는 아니라고 부정한다).

초등학교 때부터 각종 대회에 참가했고 결과도 좋아서 상 받을 기회가 많았지만 정작 상장이나 좋은 성적에는 큰 감흥이 없었다.

《그들은 모두 내게 당연히 해야 한다고 말한다他們都說妳'應該'》를 출간할 당시, 방송에서 이와 비슷한 이야기를 한 것 같다. '상을 받거나 높은 점수를 받는 순간에 느끼는 성취감보다 집에 돌아가 부모님의 칭찬과 흐뭇한 미소를 마주할 때 느끼는 것이 더 크다. 학생은 그제야 자신이 잘해냈다는 성취감을 느낄 수 있다.' 이 말에 공감하는 사람이 많겠지만 사실 이는 나의 개인적인 경험이기도 하다.

꽤 어린 시절부터 아버지는 부재중일 때가 많았고, 나는 어머니와 서로를 의지해왔다. 친척들은 그런 아버지를 두고 뒤에서 수군댔는데, 나를 칭찬할 때조차 아버지의 존재를 거론하며 '그런데'라는 전제를 달기 일쑤였다. "맞아, 아이는 정말 괜찮지. 그런데 쟤 아버지는……." 나는 오랫동안 이 '그런데'에서 자유롭지 못했다. 마치 원죄의 십자가를 등에 진 것처럼, 힘들게 노력해서 정상에 올라도 내게 찍힌 낙인은 오랫동안 나를 따라다녔다. 이것을 없애고 어머니를 보호하며 사람들로부터 손가락질을 당하지 않으려고 나는 부단히 노력했다.

공부와 글짓기, 웅변에 소질이 있던 나는 사람들에게 능력을 보여줌으로써 '정말 뛰어난 아이'라는 평가를 받고 싶었다. 초등학교 2학년 때 처음으로 어떤 대회에 나가 1등을 했을 때, 수상 당시보다는 집에 돌아와 기뻐하는 어머니의 미소를 보고 나서야 마음을 놓았다. 아버지 때문에 친척들과 어머니가 실망했는데 나까지 그럴 수는 없다고 생각했기 때문이다.

상담심리학을 공부하기로 결심한 그해, 가세가 급격히 기울었고 생활도 180도 변화를 겪었다. 내가 어릴 때부터 어머니는 홀로 집안 살림을 꾸렸고, 비록 부유하지는 않았지만 사는 데 큰 불편은 없었다. 자라서 사회에 진출한 후에도 나 자신만 돌보면 되었기에 집안 형편을 걱정하지 않아도 됐다. 그런데 갑자기 가세가 기우는 바람에 나는 집안 경제와 어머니의 빚을 홀로 짊어져야 했다. 웬만큼 살 때는 가까웠던 친척들도 냉담해졌다. 어머니도 전처럼 날 보호하고 돌봐줄 여력이 없었으므로 나는 홀로 이 모든 것을 직접 헤쳐 나가야 했다.

당시 나는 스스로 노력해야만 한다고 생각했다. 상담심리학 대학원에 입학한 후에 기초 지식이 없었던 나는 학우들의 진도를 따라 잡기 위해 죽어라 공부했다. 아르바이트도 겸하고 있었기 때문에 1학년 때는 학교 도서관과 아르바이트 장소를 오가는 생활을 계속했다. 그때는 공부하는 것이 무척 행복했지만 마치 누가 쫓아오는 것처럼 마음이 급하기도 했다. 노력이 부족해서 더 나쁜 상황에 빠지게 될까 봐 두려웠다. 스스로 정한 목표에 도달할 때마다 아주 잠깐 숨을 돌렸을 뿐 긴장을 풀지는 않았다.

제대로 해내지 못해서 성공하지 못할까 봐 두려웠고 다른 사람의 기대에 부응해야 한다는 부담감을 안고 살았다. 그래서 아무리 좋은 성과를 올려도 마음 놓고 기뻐할 여유도 없이 앞으로 나아갈 수밖에 없었다. 결국 내가 '가면증후군impostor syndrome'의 전형적인 사례임을 알았고, 석사 학위논문도 가면증후군 현상을 주제로 쓰게 되었다.

이런 습관은 오랫동안 지속되었다. 상담심리사가 되어 일을 시작했을 때는 성과도 좋아서 많은 상담이 들어왔고, 내담자의 행동 멘토 역할도 어느 정도 성과를 보였다. 짧은 시간에 많은 사례를 의뢰받았고 그 여세를 몰아 더욱 열심히 해서 이 분야에서 확고한 발판을 마련하고 싶었다.

그러던 중 2017년에 발표한 첫 책이 큰 관심을 끌었고 나를 찾는 곳이 폭발적으로 늘어났다. 사람들의 기대를 충족시키는 데 습관이 된 나는 이런 요청을 전부 받아들였다. 지나치게 많은 일이 몰려왔고 전문 분야에서 인정받겠다는 욕심까지 더해져서 나의 건강은 조금씩 무너지기 시작했다.

결국 2018년부터 2019년까지 몇 번이나 위험한 상황에 직면했다. 어쩔 수 없이 잠시 가던 길을 멈추고 내가 사람들의 기대를 충족시키려고 너무 무리하는 건 아닌지 생각해봤다. 당시 한 선배가 한 말은 내게 깊은 인상을 남겼다.

"넌 네 잘못이나 실수에 너무 엄격해. 이제 걸음마를 배운 아기가 아장아장 걷는 모습을 상상해봐. 제대로 걷지 못할 때 엄마는 '이렇게 해볼까?' 하며 부드럽게 아기를 감싸주잖아."

선배의 말은 오랫동안 마음에 남아 많은 생각을 하게 했다. 돌이켜보니 내게는 늘 열심히 노력해서 목표에 도달했던 경험만 있었다. 사람들의 너그러운 눈길을 받을 수 있다는 생각은 해본 적 없었다.

지난 몇 년간 위기를 겪으면서 무슨 일이 생기면 해결책부터 생각하는 습관이 생겼다. 마음을 들여다보고 돌볼 생각을 해본 적도, 그럴 기회도 없었다. 실수에 당황하거나 속상해하고 실망하는 모습만 떠올랐다.

여기까지 쓰고 보니 '상담심리사도 자신의 정신은 어쩔 수 없나봐' 하는 독자의 소리가 들리는 듯하다. 그건 사실이다. 한 동료 상담심리사가 농담 삼아 이런 말을 한 적도 있다. "다른 사람의 삶을 마주하는 것보다 인생부터 마주하는 편이 쉽겠어."

하지만 내면의 취약함과 두려움을 마주하고 습성을 바꾸는 게 쉽지는 않다. 자기 내면에 닿지 못하면 두려움에 맞설 수도 없다. 과도한 노력은 두려움에 맞설 때의 습관이며, 안도감을 얻고자 하는 방어기제이자 생존 전략에 불과하다. 우리가 제대로 생각하고 느끼지 않으면 이 생존 전략이 작동하여 '선택의 여지가 없으니 어쩔 수 없이 이걸 해야 한다. 그래야 지금의 곤경에서 벗어날 수 있다'고 생각하게 된다.

올해는 사람들에게 여러모로 힘든 해다. 주변에는 노력을 멈추지 않는 사람이 많다. 그들은 심지어 노력에 파묻혀 길을 잃어버리기도 한다. 때로는 타인의 보살핌을 기대하거나 포용력을 보여주지 않는 타인의 태도에 실망하며 더 큰 고독과 공허함을 느낀다. 그런 이유로 나는 이 책을 쓰고 싶었다. 이 책에 소개된 사례는 상담을 진행하면서 관찰한 내용과 주변의 경험을 모은 것으로, 내용을 읽다 보면 어느 부분에서는 자신과 주변 사람을 떠올리게 될 것이다.

물론 이 책이 어떤 방법을 즉각적으로 알려주지는 않는다. 왜냐하면 나를 포함해 '지나치게 노력하는' 사람들에게 가장 어려운 것은 '어떻게 해야 한다'는 방법이 아닌 경우가 많기 때문이다. 머리로는 다 아는데 마음이 따라주지 않는 것이 더 큰 문제다. 자기 마음을 이해하고 어루만지면서 스스로 다양한 선택을 할 수 있는 용기를 북돋는 일이 가장 어렵다.

이 책을 읽으면서 마음을 가라앉히고 사례의 주인공과 함께 자기 내면을 천천히 어루만지면서 마음속 가장 부드러운 부분을 이해해보길 바란다. 그런 연후에 자기 자신을 이해하고 수용하며 따스한 위안을 전하는 것, 그것이 내가 독자와 가장 나누고 싶은 부분이다.

이 책은 심리 상담의 일부 과정을 보여주기도 한다. 심리 상담에 대한 생각은 이렇다. 우리는 누구나 마음의 상처를 안고 살아간다. 이 상처는 견디기 어려운 정서를 수반하며, 때로 너무 맹렬해서 견디기 어려울 수도 있다. 이에 대처하는 방법을 모르는 우리는 그런 정서를 몰아내려고 하면서, 애써 감추거나 별일 아니라고 합리화한다. 상처를 외면해야 살아갈 수 있다고 여기기 때문이다. 그러나 상담심리사는 당신과 이야기를 나누며 감히 꺼낼 수 없었던 정서를 함께 어루만진다. 이를 통해 그 상처는 당신이 받아들이고 흡수할 수 있도록 소화되고 환원될 것이다. 이런 피드백을 통해 우리는 그러한 상처와 정서를 자양분 삼아 자기 내면을 서서히 이해할 수 있다. 자양분을 흡수하면서 성장할 기회를 얻고, 지난날 감당하기 힘들었던 상처와 트라우마를 돌아보며 자기 내면에 속삭일 수 있게 될 것이다.

'상처와 트라우마를 마주하고 감당하는 건 정말 쉽지 않아. 혼자 버텨준 나 자신에게 정말 고생 많았다고 말하고 싶어. 하지만 이제 두려워할 필요 없어. 내가 함께할 테니까.' 그리고 우리는 마침내 자기 자신에게 따뜻한 인사를 건네며 이런 자신을 사랑할 수 있게 된다. 이 책이 당신에게 조금이나마 온유한 기운을 전할 수 있길 바란다.

이 책에서 언급한 사례는 본인의 동의를 거쳐 각색했으며, 유사한 부분이 있다면 순전히 우연임을 밝힌다.

차 례

〰️

STEP 1   탐색 ── 내 마음을 들여다보기

탐색

내 마음을 들여다보기

살기 위해 자신의 느낌을 없애야 한다면,
나는 또 무엇 때문에 살아가나?

느끼지 않으면 상처도 없어

"전 아무 감정이 없어요. 아무것도 느낄 수 없고 왜 사는지도 모르겠어요."

책상을 사이에 두고 나와 마주 앉은 진주가 낮은 소리로 말한다. 그녀는 온순한 성품의 소유자인 듯하다. 차근차근한 말투로 실수라도 하지 않을까 조심하면서 말할 때는 늘 표정과 반응을 살폈다.

그녀는 꽤 괜찮은 직장에 다니고 있다. 부모는 은퇴한 공무원 출신으로 경제적으로도 걱정이 없다. 또래에 비해 안정된 직장과 높은 연봉은 사람들의 부러움을 샀다. 상담을 위해 나를 찾은 것도 자신의 외적인 조건과 스스로 생각하는 삶의 의미 사이에 큰 괴리감을 느꼈기 때문이다. 사실 이런 고민으로 상담을 요청하는 경우가 드물지 않다.

진주와 같은 이들에게는 공통된 특징이 있는데, 남들 눈에 인생의 승리자로 보일 만큼 걱정 없는 안정된 생활을 누리고 있다는 점이다. 그래서 그들이 어쩌다 고민을 내비칠 때면 대뜸 이런 반응이 돌아온다.

"복에 겨워서 하는 소리군. 그게 무슨 고민이라고 그래?"

사람들의 질투 섞인 부러움을 한 몸에 받으면서 그들은 자신이 누리는 것에 고마워하고 기뻐해야 한다는 강박관념을 갖게 된다. 하지만 당사자의 기분은 그렇지 않다. 그들은 몸 한가운데 구멍이라도 뚫린 듯 텅 빈 가슴으로 아무 느낌 없이 살아간다. 그러면서도 남의 말을 듣다 보면 **자신의 감정에 의혹을 품지 않을 수 없다. '당연히 행복하고 즐거워야 하는데 그렇지 못하다면 내게 문제가 있는 게 아닐까?'**

행복하고 즐거운 느낌이 당연한 의무감으로 변할 때 사람은 진정한 행복을 느낄 수 없다. 자신의 느낌마저 믿을 수 없다면 살아가면서 의지하고 판단할 기준이 없는 것과 같다.

"언제부턴가 아무것도 느낄 수 없었어요. 슬픔과 즐거움을 느낄 수 없고 삶의 의미가 뭔지 알 수 없게 됐어요. 자살을 생각하는 건 아니지만, '이렇게 살아서 무엇 하나' 하는 생각은 있어요. 날마다 같은 생활을 반복하려고 사는 건 아니잖아요?"

어쩌다 기분이 다운되면 사람들은 "넌 그럴 일이 없잖아!" 하고 받아치고, 괴로움을 토로하면 그까짓 스트레스도 못 견딘다고 한다. 그러다 보니 자신의 기분을 표출할 수 없었고, 그 기분이 잘못된 것이라면 차라리 아무 감정도 없는 편이 낫겠다는 생각까지 들었다. 그래서 그녀는 묵묵히 주어진 삶을 살아가기로 했다. 날마다 회사로 출근해서 일하고, 야근을 마치면 집에 돌아가 곧바로 잠자리에 드는 생활 말이다. 통장에 돈은 계속 불어나지만 어떤 의미가 있는지 모르겠다.

"하지만 저를 보고 부러워하는 사람이 많아요. 돈 걱정 안 해도 되는 가정이 있고 월급 많이 주는 직장이 있는데 도대체 뭐가 불만이냐고 하죠. 그들의 말에도 일리는 있어요. 뭐, 제가 불만을 품을 만한 일은 없죠. 하지만 살아 있는 거나 죽은 거나 별 차이 없다고 느껴지는 건 왜일까요? 제가 정말 복에 겨워서 하는 생각일까요?"

진주가 느낀 의문과 그것을 자기 스스로 납득하려고 애쓰는 것을 보면서 그 이면에 담긴 수많은 곤혹감과 무력감을 느꼈다. 구해달라는 그녀의 외침이 들렸다. '복에 겨운 소리 그만하고 남보다 나은 처지를 고맙게 여겨야 한다.' 언뜻 들으면 일리가 있는 말이다. 생각하지도 느끼지도 않고, '마땅히 그래야 한다'는 사람들의 기준으로 자신을 설득할 수 있다면, 자신의 감정이 그렇게 단순해서 다른 사람이 받아들이는 생활에 만족하고 살아갈 수만 있다면 얼마나 좋겠는가! 하지만 이 모든 것이 '하나도 괜찮지 않다'고 느껴지고, 이런 생활 속에서 자아는 서서히 죽어가다가 결국 함몰돼버린다. '누가 날

이 상황에서 좀 꺼내줘!' 자신도 모르게 속으로 외치고 있다. 왜냐하면 나는 곧 침몰할 것 같으니까!

자녀의 모든 것을 결정하는 부모

"주변 사람과의 관계에 대해 말해주시겠어요? 가령 가족과의 관계가 어떠한지, 본인의 직장이나 일상생활을 가족들이 어떻게 생각하는지 궁금하네요."

나는 호기심에 이렇게 물었다. 가족에 관한 질문을 예상치 못했는지 잠시 머뭇거렸던 진주가 조심스럽게 가족과의 관계를 털어놓았다. 그녀의 부모는 공무원 출신이다. 그들은 자신의 경력과 결정을 기반으로 자녀들이 어릴 때부터 안정된 직장이 최고라는 생각을 주입했다. 진주와 그녀의 오빠를 상당히 엄격하게 다루면서 '부모의 결정만이 옳다'고 믿게 했다. 진주가 어릴 때부터 부모는 두 자녀를 대신해서 매사를 결정했다. 어떤 학교에 갈지, 어떤 학과를 선택하고 장차 어떤 직업을 선택할지, 심지어 배우자를 선택하는 문제까지도 일일이 나서서 주도했다. 이런 부모의 행동은 자녀에게 다음과 같은 메시지를 전한다.

'우리가 하자는 대로만 따르면 너희 인생은 완벽할 거야. 그러니 반드시 그대로 따라야 한다.'

이런 분위기에서 진주는 모든 것을 부모님의 결정에 맡기게 되었다. 부모님이 원하는 대학의 학과를 다니고 부모님이 좋아하는 직장을 구하고 부모님의 소개로 만난 남자와 교제했다. 그녀의 오빠는 대학에 진학할 때 자신이 원하는 학과를 고집하다가 부모님과 큰 충돌을 빚은 후 가출해버렸다. **이를 지켜보면서 진주는 '가정의 화목을 위해서라면 부모님 말씀을 거역하지 말아야겠다'고 결심했다.** 그 후 지금까지 그녀는 고분고분하게 부모님께 걱정 끼치지 않고 모두가 부러워하는 생활을 유지했다. 그런 그녀에게 부모님은 늘 공치사를 잊지 않았다.

"네가 걱정 없이 살게 된 것은 우리 말을 따른 덕분이다. 네 오빠를 보렴. 일은 고되고 월급은 너보다 못한 직장에 다니잖니?"

오빠는 부모님과 다투고 대학 때부터 집을 나가 독립했다. 지금은 광고회사에 다니는데 일이 상당히 고된 모양이다. 하지만 자신과 달리 오빠는 그 일이 재미있다고 한다.

진주는 자기 안에 영혼이 없다고 느낀다. 일상생활을 할 때 자아의 의지가 부족하고 자아가 끼어들 틈을 용납하지 않는다. 그녀의 생활은 다른 사람의 요구에 맞춰 돌아간다. 직장과 일상생활에서 부모에게 하듯 직장 동료와 상사, 남자친구가 원하는 대로 최대한 맞춰주고 있다. 그 결과로 돌아오는 것은 불만스러운 자신의 모습이었다.

쇼핑은 스트레스에서의 탈출구

"가끔 제 자신에게 상을 주려고 원하는 가방과 옷을 사곤 해요. 잠시뿐이지만 그래도 그 순간만은 기분이 좋아요."

쇼핑은 진주의 일상 속 스트레스를 해소하는 탈출구가 되었다. 즉 각적으로 보상을 받을 수 있는 **쇼핑을 통해 자기 통제감과 성취감을 느낄 수 있었다.** 즉 자신의 노력이 쇼핑을 통해 물질적으로라도 보상받는다는 생각이 들었고, 남을 의식하며 살아가느라 고단한 자신을 잠시라도 위로할 수 있었다. '최소한 뭔가 얻는 게 있으니까. 물건을 살 때만큼은 이 세상에서 스스로 결정할 수 있는 일이 있음을 느껴. 항상 부모님 말씀에 따라야 했지만 이젠 내가 버는 돈으로 내가 원하는 것을 손에 넣을 수 있게 됐어. 마치 돈으로 행복을 사는 것처럼 말이야.' 진주는 쇼핑이라는 습관을 형성함으로써 자신을 위로하고 설득했다.

"하지만 부모님은 제가 물건을 너무 많이 산다고 생각하세요. 쇼핑을 당장 그만두고 의사한테 상담을 받아보라는 거예요. 그렇게 힘들게 일하고 노력하는데 마음대로 물건 하나 살 수 없다면 삶에 무슨 의미가 있어요? 노력은 무엇을 위해 하는 거죠?"

진주의 말을 통해 미처 입 밖으로 꺼내지 못했던 그녀의 분노와 무력감이 전해졌다. **부모님 때문에 화가 나는데 그 상황을 바꿀 방법을 모르는 자신이 무력하게 느껴진다. 결국 그 분노는 자신을 향한다.** 그래서 쇼핑이라는 탈출구를 통해 이런 기분을 잠시나마 잊고 숨 쉴 구멍을 마련할 수 있었다. 물건을 많이 산다는 부모님의 걱정이 짜증스럽게만 느껴질 뿐 그런 자신이 문제라는 생각은 하지 않는다. '내가 번 돈으로 원하는 물건을 사는 게 뭐가 그리 나쁘지? 그런 걸 살 형편이 안 되는 것도 아닌데!' 그런데도 그녀는 상담실을 찾았다. 아무리 노력해도 마음 한구석이 텅 빈 듯 허전한 이유를 알고 싶은 것이다. 이 허전한 마음을 무엇으로 메운단 말인가! 인간은 과연 무엇을 위해 살아가는 걸까?

성공만이 살길이야

"사람으로 태어난 이상 성공을 추구하는 건 당연하죠!"

대각선으로 마주 앉은 명훈이 자신 있게 말한다. 30대 후반의 명훈은 잘나가는 글로벌 기업의 중견 간부다. 그는 성공과 승리만이 진정한 인생이라고 믿는다. 방대한 업무량과 자신에게 거는 회사 측의 기대, 자꾸만 상향되는 실적 기준도 반갑기만 하다. 자신이 그만큼 인정받고 있다는 방증이라고 생각하기 때문이다. 그는 '끊임없는 노력으로 계속되는 성공'이라는 생존 법칙으로 삶에 대한 통제감을 느낄 때 안심할 수 있다.

명훈에게는 하기 싫은 일은 있어도 감당 못 할 일은 없었다. 어느 날 갑자기 찾아온 공황 증세로 상담실을 찾기 전까지는 말이다.

"사실 내게 무슨 문제가 있다고 생각하지는 않아요"

그는 다리를 꼬며 이렇게 말했다. 부하 직원 수십 명을 거느리고 온갖 풍파를 겪으며 대기업과 유명인을 상대하는 비즈니스에 이골이 난 그답게 보스의 풍모가 엿보인다. 상담 첫날 내게 다짜고짜 질문 공세를 퍼붓던 기억이 떠올랐다.

'졸업하신 지는 얼마나 되었죠? 상담 경력은 몇 년 정도? 특기는 뭐예요? 결혼은 했습니까? 다른 일을 해본 적은 있어요? 자녀는 있나요? 공황 증세를 치료한 적은 있는지? 나 같은 케이스는 몇 건이나 접해보셨습니까?'

쉴 새 없이 쏟아지는 질문 공세에 나는 내가 면접을 보러 온 신입 사원처럼 느껴졌다. 하마터면 '그렇습니다, 사장님!' 하고 대답할 뻔했다.

명훈은 평상시 사람들이 자신을 강자로 보는 것에 습관이 들었다. 그런 그에게 자신의 약한 부분을 털어놓거나 통제할 수 없는 상황을 놓고 누군가의 의견과 도움을 구한다는 것은 화성에 가는 것보다 더 어려울 터였다(명훈이 화성에 가는 방법을 찾았다고 한다면 나는 단언컨대 그 말을 믿을 것이다). **강한 보스의 면모는 그를 지켜주는 가면이자 안전한 방어막**이며, 낯선 장소에서 느끼는 불안감으로부터 그를 위로하고 보호해주는 장치였다.

"처음으로 공황증이 나타났을 때는 약간 숨이 가쁘고 답답한 정도였어요. 너무 피곤해서 그런가 보다 했죠. 이런 증상이 반복됐지만 조금 참으면 지나가곤 했어요. 일이 너무 바빠서 병원 갈 시간도 없었거든요. 그런데 최근 몇 차례는 그 증상이 심장병이 아닌가 의심됐어요. 처음으로 이러다 죽는 건 아닌가 걱정이 됐죠. 그런 와중에도 아무에게도 알리지 않고 혼자 택시를 잡아타고 병원 응급실로 찾아갔어요. 검사했지만 별다른 문제를 찾아내지 못해서 신경정신과로 보내졌고, 그곳에서 의사가 공황증 진단을 내렸어요."

명훈은 자신의 상황을 설명하면서 다리를 떨기 시작했다.

하기 싫은 일은 있어도 감당 못 할 일은 없다

웬만한 사람은 공황증이 단 한 차례만 발작해도 큰일로 생각해서 병원부터 찾는다. 그런데 명훈은 그런 증상을 몇 번이나 겪으면서도 의사를 찾아가지 않았다. 보통 사람보다 훨씬 강인한 그의 의지력과 인내력에 혀를 내두르지 않을 수 없다.

"여자친구가 상담 예약을 했더라고요. 솔직히 말해 이 정도 심리적 스트레스로 오는 증상쯤은 자신의 힘으로 극복해야 하는 것 아닌가요? 상담심리사들 대부분이 업무상 스트레스가 큰 탓이라고 진단하면서 릴렉스할 것과 자신을 좀 더 아낄 것, 그리고 자신을 위해 시간을 내서 휴식을 취할 것 등을 주문하겠죠. 사실 선생님이 무슨 말을 할지 예상할 수 있어요."

명훈이 나를 바라보며 미간을 찡긋했고, 나는 그에게 계속하라는 격려의 미소를 보냈다.

"솔직히 말해서 난 자기 자신에게 잘해줘야 한다는 식의 말에 동조하지 않아요. 요즘 세상에 스트레스 없는 사람이 어디 있어요? 직업이 있는 사람은 일 때문에, 실직자는 실직자라서 스트레스를 받죠. 하지만 나는 스트레스를 즐기는 편이에요. 스트레스 내성이 좋은 편이라 스트레스가 클수록 기분이 좋아요. 어떤 일을 해내야 한다는 생각은 곧 계속 노력할 수 있는 원동력이죠. 노력이 힘들다고 생각해본 적은 없어요. 진정한 고통은 그렇게 노력했음에도 남보다 뒤떨어지는 순간 찾아오죠. 회사에는 스트레스가 너무 커서 견디지 못하고 직장을 그만두겠다는 사람들도 꽤 있어요. 내 입장에서는 이해하기 힘든 일이죠. 난 하기 싫은 일은 있어도 감당 못 할 일은 없거든요."

'하기 싫은 일은 있어도 감당 못 할 일은 없다!' 얼마나 힘이 넘치고 야심만만한 말인가! 다만 그의 몸이 마음을 따라주지 않는 게 문제다. **늘 성공만을 추구하는 정서**는 물건을 사들이는 욕망과 마찬가지로 **무미건조한 생활에 충분한 자극과 만족감을 선사한다.** 그러한 자극과 만족은 지나치게 노력하는 자신에게 선사하는 선물처럼 더 힘을 낼 수 있게 격려하고 전력으로 질주하게 한다.

다른 사람의 부러워하는 시선을 받기 위해 노력하며 흡족한 기분에 빠져 스스로를 위로한다. 모든 희생은 가치가 있다고 말이다. '주목받는 삶은 얼마나 근사한가! 모두가 날 대단하게 생각한다는 게 얼마나 좋아! 그건 내가 가치 있다는 뜻이니 좋지 아니한가! 난 정말 쓸모 있는 사람이야!' 그러고는 자신의 육신을 제물 삼아 끝없는 성공을 원하는 욕망에 헌신하리라. 인생의 의미와 존재 가치를 유지하기 위해서 말이다. 그런데 이것이 과연 성공을 즐기는 감정일까, 아니면 실패를 두려워하는 고통일까?

남에게 피해주고 싶지 않았어

"남보다 뒤처지는 게 겁나거나 실패와 실수가 두렵다기보다는 **실수나 실패를 저질렀을 때 다른 사람에게 폐를 끼치게 될까 봐 두려워요.**"

채린은 디지털 제품을 생산하는 기업의 간부다. 그녀는 매주 디지털 제품의 판매 상황을 체크하면서 수시로 마케팅 정책을 조정하고 제품 콘텐츠를 최적화함으로써 제품의 경쟁력을 높여야 한다. 디지털 제품의 특성상 경쟁이 치열한데다 코로나바이러스 확산으로 시장 위축까지 겹쳐 그녀는 무척 초조한 나날을 보내고 있다.

"이런 제품은 판매 실적이 저조하거나 고객의 부정적 후기가 올라오기라도 하면 타격이 크기 때문에 늘 노심초사한답니다. 그래서 회의 시간에 이런 내용을 지적받으면 얼굴을 들지 못하겠어요. 제가 준비를 철저히 안 했다거나 노력이 부족한 탓 같거든요. 정말 큰 망신이에요."

채린은 당시를 떠올리는 듯 얼굴을 찌푸렸다.

"그래서 디테일한 부분까지 챙기고 늘 각종 상황을 시뮬레이션하죠. 혹시 놓치고 넘어가는 부분이 없나 거듭 확인하고. 다른 사람들에게 빈틈을 보이지 않으려고 노력해요."

자신에게 엄격하고 늘 완벽함을 추구하다 보니 그녀는 진지하고 책임감이 강한 성격을 갖게 되었다. 스스로 세운 높은 기준은 능력에도 반영되었고, 당연한 결과로 업무상 큰 성과를 올렸다. 다만 이를 위해 상당한 대가를 치러야 했다.

심한 초조함과 우울감

업무 스트레스가 커지고 시장 전망을 예측하기 어려워질수록 채린은 심한 초조함과 우울감을 느꼈다. 종일 불안하고 혹시 놓친 부분이 있어 일이 잘못될까 노심초사한다. 그런가 하면 동료들과의 관계도 어긋나기 시작했다. 언제부턴가 그녀는 다른 사람과 어울리는 것을 꺼렸다. 사람들이 자신을 무능력하게 보고 지금의 위치에 걸맞지 않는다고 여길까 걱정했다. 때로 스스로 한 모든 결정에 의혹을 품으며 자신의 무능함을 들키지 않으려고 더욱 노력하지만, 본인에 대한 주변의 기대치가 높다는 사실이 부담스럽기만 하다.

"채린 씨는 정말 자신의 능력이 부족해서 걱정하는 건가요?"

능력 부족이라는 말이 나오자 나도 모르게 끼어들었다.

"맞아요. 그래서 필사적으로 노력하는 거잖아요!"

채린은 웃고 있지만 눈가가 젖어 있다.

"하지만 얘기를 들어보면 그 자리에 오른 이후 채린 씨 실적은 계속 좋았네요. 업무도 순조롭고 같은 직책의 책임자 중에서 가장 젊고요. 이렇게 인정받고 좋은 실적을 내는 게 채린 씨에게는 어떤 의미가 있죠?"

"사람들이 저한테 속아 넘어간 거예요. 사실 능력이 부족한 탓에 남보다 훨씬 노력해서 그 부족함을 메우려고 했어요. 언젠가 제 능력이 고스란히 드러나서 그 자리에 어울리지 않는 인물이라는 것이 들통나면 사람들은 저의 모든 것이 거짓이었다고 수군대겠죠. 제가 실수를 해도 도와주려 하지 않고 절 귀찮게 여길 거예요."

채린은 눈물을 글썽였다.

"그래서 전 열심히 노력해야 해요. 실수하면 안 되고 단 한 번이라도 잘못된 결정을 하면 안 돼요. 반드시 성공해야만 해요."

마치 무엇에 쫓기듯 앞을 향해 달려야 한다. **달아나고 싶지만 나 자신이 부족하다는 자격지심을 좀처럼 떨쳐낼 수 없다.** 그래서 나는 멈추지 않고 계속 노력해야 한다. 그렇지 않으면 추월당할 것이고, 그러면 끝장이다.

완벽한 가짜 자아

"본인이 성공할 수 있었던 게 능력이 있어서라는 생각을 해본 적 없어요?"

나는 호기심에 그녀의 '일시적인 성과'가 진정한 인정과 격려 대신 그녀를 더욱 초조하게 만드는 원인이 아닐까 생각했다.

"당장은 제게 그런 일을 감당할 능력이 있다고 말할 수 있겠죠. 하지만 이상하게도 새로운 임무가 주어질 때마다 그동안 성공했던 경험이 있으니 마음이 놓이기는커녕, '다음에도 지금처럼 잘해내지 못하면 어쩌지?' 하며 걱정부터 되는걸요."

'다음에도 지금처럼 잘해내지 못하면 어쩌지?' 이것이 채린에게 주는 영향은 확실히 대단하다. 그 두려움은 현재의 실적을 유지할 수 있을까 하는 자기 능력에 대한 회의감으로 나타난다. 주변에서 큰 기대와 함께 높은 기준으로 그녀를 대하는 것도 두렵다.

기대치가 높은 만큼 실망감도 크기 마련인데, 채린은 그런 일이 생길까 봐 두렵다. 자기 능력이 사람들의 기대치에 미치지 못하여 자신의 실체가 드러날까 봐 전전긍긍한다. 이런 압박감이 줄곧 채린을 짓눌렀고, 그녀는 모든 일에 완벽을 기하며 자신의 결점이 드러나지 않게 필사적으로 노력해왔다. 그래야 자신이 안전할 것이고, 다른 사람에게 능력이 부족한 자기 실체를 들키지 않을 것이고, 그래야 주변에 피해를 주지 않고 양호한 자아의 느낌을 계속 유지할 수 있으며, 이런 완벽한 가짜 자아를 유지할 수 있다고 생각한다.

언제까지나 완벽하고 견고하여 실수나 실패가 없는 성공적인 삶을 지속해야 한다. 이런 자신이야말로 사람들이 기대하는 훌륭한 인물이다. 이렇게 해내기만 하면 자신은 안전할 것이다. 그렇지 않으면 자신에게 실망한 사람들에게 업신여김을 당하고 귀찮은 존재로 전락할 것이며, 심지어 상처를 입기까지 할 것이다.

채린은 날마다 자신에 대한 회의를 느끼면서도 어쩔 수 없이 주변의 눈을 의식한다. 그들의 기대에 부응해야 한다는 생각에 늘 전전긍긍한다. 자신이 현재의 자리에 어울리는 인물인지 아닌지 날마다 평가받는 기분이다. **모든 실적과 성공은 내면의 초조함을 일시적으로 위로하는 마취제에 불과하며** 자아의 인정, 심지어 자아 가치의 선물로 화할 수 없다(가면현상impostor phenomenon, 폴린 클랜스Pauline Rose Clance와 수잔 임스Suzanne Imes가 1978년에 최초로 제시했다). 그래서 **성공할수록 두려움도 커지며**, 주변의 기대가 클수록 그들에게 실망을 안길까 봐 두렵다.

주변 사람이 자신을 어떻게 보는지 의식하고 이를 발전의 자양분으로 삼지만, 한편으로는 그런 의식이 자아 가치를 해치는 결정적 요소이기도 하다. 왜냐하면 우리가 '나 자신이 무엇을 원하는가'가 아닌 '다른 사람이 나에게 뭘 원하는가'를 물을 때, 이렇게 해서 얻은 모든 성과는 다른 사람에 보여주기 위한 것이지 자신의 기쁨을 위한 것은 아니기 때문이다. 타인을 의식한 모든 노력은 결국 자신에게 상처로 돌아온다.

신경 쓰지 않으면 상처도 없어

"그래서 다른 사람의 기대와 의견을 너무 의식하면 상처받기 쉽다고 하지 않습니까! 왜 그렇게 남의 눈치를 봐야 하죠?"

강인이 손바닥을 펴 보이며 웃었다.

"남의 평가에 신경 쓰는 건 자신감이 없다는 의미예요. 남이 무엇을 원하는지 신경 쓰기보다는 나 자신이 뭘 원하고 목표가 무엇인지를 파악해서 그걸 충족하는 편이 낫죠. 남의 눈치만 보다가는 할 일을 제대로 못 해요. 그리고 내가 신경을 쏜다고 해도 상대가 나를 배려하고 도와준다는 보장이 없잖아요. 그러니까 시간과 돈을 자신에게 쏟는 편이 낫죠."

강인의 말을 듣고 있자니 묘하게 설득력이 있다(하마터면 설득당할 뻔했다). 사실 그가 상담실을 찾은 큰 이유는 **관계의 단절** 때문이다.

그의 아내는 강인에게 다가가는 것이 힘들었고, 그가 무슨 생각을 하는지도 알 수 없었다. 결혼 생활을 하면서 아내는 항상 외로웠다. 남편과 이야기를 나눌 때마다 그가 세상에서 가장 소중하게 여기는 사람은 그 자신임을 깨닫는다. 강인의 세계에 다른 사람을 위한 자리는 없었으므로 그의 아내는 보이지 않는 벽을 대하는 것 같다.

겉으로는 아무 문제 없어 보이지만 남편의 마음에 아내가 들어갈 자리는 없다. 얼마나 좌절감이 크고 외로울까! 남편과 대화를 시도하다가 실패한 후 주변 사람들의 조언을 듣고 '결혼이란 원래 그런 것'이라며 스스로 위로했다.

그렇게 참고 견디다 보니 남편의 스타일에 익숙해졌다. 하지만 아이가 생기고 나니 자신만 생각하는 남편의 지나친 행동이 다시 눈에 들어왔다. 아내는 남편과 어떤 식으로 소통해야 할지 알 수 없어 더 좌절했다. 그래서 남편에게 상담을 권했다. 그렇게라도 하지 않으면 결혼 생활을 이어갈 수 없었기 때문이다.

하지만 철벽남인 강인의 세계에 다른 사람을 위한 자리는 없다. 아내가 예약해서 마지못해 오긴 했어도 상담 같은 건 **필요 없다**고 생각한다. 자기 일은 스스로 알아서 하니까 말이다.

"아내는 쓸데없는 생각을 너무 많이 해요. 뜬금없이 대화를 하자고 하더니 내게 다가오는 게 어렵고 내가 무슨 생각을 하는지 모르겠대요. 아내는 내가 일에만 몰두하고 대화를 피한다고 불만을 터뜨려요. 내가 처자식을 중요시하지 않는다고 생각하죠. 정말 무슨 소리를 하는지 모르겠어요. 다 먹고살자고 하는 일이고, 이렇게 열심히 일하는 것도 다 가족을 위해서잖아요!"

그러고는 강인이 다시 말을 이었다.

"아내는 내가 밖에서 무슨 일을 하고 다니는지 궁금하대요. 그래봐야 직장에서 프로그래밍이나 그에 관련된 일을 하거든요. 주변에서 일어나는 건 대부분 불쾌하고 짜증 나는 일들이죠. 안 그래도 기분이 좋지 않은데 집에까지 가져오고 싶지 않아요. 말해봐야 집 분위기만 뒤숭숭해질 게 뻔하니까요."

그는 어깨를 으쓱하며 이해가 가지 않는다는 표정을 지었다. 그가 미처 입 밖으로 내뱉지 않은 말은 이런 것인지도 모른다. 고달픈 세상살이에 그나마 먹고사는 걱정이 없는 것만 해도 어딘데, 무엇 때문에 그렇게 쓸데없는 생각을 하느냐고 말이다.

그러나 생각이 너무 많아 혼자서 어쩌지 못할 때는 다른 사람의 도움을 받아야 한다. 물론 많은 사람들에게서 도움을 받을수록 과한 영향을 받게 되고, 결국에는 자신의 생활과 감정을 스스로 컨트롤할 수 없게 되기도 한다.

"그래서 강인 씨는 지금 그대로가 괜찮다는 거군요. 자신의 감정, 요구를 포함한 모든 일을 스스로 조절할 수 있으니 말이에요. 그런데 왜 난 강인 씨가 **아무도 필요하지 않다**고 자기 스스로 옥죄고 있다는 느낌이 들죠?"

내 말에 강인이 흠칫 놀랐다.

"그런 생각은 해보지 않았어요."

나는 그를 바라보며 아무 말도 하지 않았다. 두 사람 사이에 꽤 긴 침묵이 흘렀다. 그러자 강인이 '왜 말을 계속하지 않느냐?'는 표정으로 나를 바라봤다. 그래도 내가 입을 떼지 않자 그가 참지 못하고 침묵을 깼다.

"그저 다른 사람을 너무 의지하면 쉽게 실망할 것 같아서요."

"무슨 말이죠?"

"얘기해봐야 무슨 소용이 있죠? 상대가 귀찮게 생각할지도 모르잖아요."

강인이 소파 깊숙이 몸을 기대며 눈을 감아버린다. 그런 이유가 있었군. 도와주고 싶지만 능력이 미치지 못하는 경우든, 도울 마음이 아예 없는 경우든, 결과는 전부 실망으로 돌아올 것이다.

상대가 능력이 달려서 내가 원하는 도움을 받지 못하는 경우에 자칫하다가는 내가 덤터기를 쓰고 그쪽 일을 봐줘야 할 수도 있다. 만약 상대가 오로지 자기 자신에게만 신경 쓰는 사람이라면 나의 상황을 알아도 도와주지 않을 것이다. 오히려 그런 나의 약점을 이용해 나를 해칠 수도 있다. 그러니 나약하게 의존하지 않고 스스로 해내야 한다.

누군가 나를 보호하고 도와줄 수 있기를 기대했는데 그런 기대가 번번이 어긋나면 결국 의지할 사람은 자기 자신이라는 생각을 하게 된다. 상대방이 나의 기대와 달리 능력이 미치지 못하거나 도울 마음이 아예 없다면 그 실망감은 상처와 외로움으로 돌아온다. 기대가 없으면 상처도 없다는 생각에 스스로 고립을 자처한다. 비록 외로울 때도 있지만 최소한 자신이 모든 것을 조절할 수 있기 때문이다.

기대가 없으니 실망할 것도 없고, 다른 사람이 나를 별로 중요하게 생각하지 않는다며 상처받을 일도 없다. 이제 오롯이 자신에게만 신경을 쓰면 된다. 어차피 남도 내게 관심이 없을 테니 말이다. 자신의 감정을 표출하지 않아야 한다. 그래야 내 기분을 아무도 모를 것이고, 약점으로 날 공격하지 않으니 상처받을 일도 없다. 그렇게 지내다 보면 나는 더 강인해질 것이며 상처로부터 안전하게 살아갈 수 있다. 이런 생각이 드는 것은 매우 자연스러운 현상이다.

결국 상처받았던 과거 경험에 비춰 볼 때, 내면의 감정과 취약함을 드러내고 나의 못난 모습을 남에게 보이게 되면 우리는 어쩔 수 없이 이런 의혹을 품는다. '이렇게 부족한 내가 지금과 같은 관계를 지속하면서 타인에게 존중받고 지금의 성과를 유지할 수 있을까?'

난 아무래도 안 되나 봐

"제대로 해내지 못하면 낯을 들 수 없잖아요."

효민이 한숨을 내쉰다.

"우리 가족은 형제자매 사이는 물론이고 아이들끼리도 비교하기 바빠요. 형제간에 비교하는 건 예사고 이종사촌, 고종사촌과도 비교 대상이죠. 간단히 말해 저는 비교 속에서 자랐다고 할 수 있어요. 조금만 잘못해도 '누구네 집 아무개는 그렇게 잘하는데 넌 왜 그 모양이냐' 하는 핀잔을 들어야 했죠. 사촌 형제나 친형제자매는 성적이나 외모, 직장부터 교제 상대를 고르고 결혼해서 아이를 낳는 것까지 늘 비교의 대상이 되었고, 부모님은 그들보다 못한 저를 보며 속상해하셨죠."

"부모님을 기쁘게 해드리고 싶었나요?"

나는 그녀를 바라봤다. 그녀가 겪은 생활이 어떠했을까 상상하니 나조차도 숨이 막혀왔다.

"그동안 엄청 신경을 썼는데 지금은 포기했어요. 어떻게 해도 부모님을 만족시켜드릴 수 없으니까요. 어차피 저보다 나은 사람은 세상에 널렸잖아요."

효민이 쓴웃음을 짓더니 말을 이었다.

"하지만 제가 신경을 쓰지 않는다는 말도 완전히 맞는 건 아니에요. *제가 일하러 갈 수 없는 건 일종의 반발심에서 나온 거죠.*"

갑자기 찾아온 공황 증세

효민은 어느 날 회의 시간에 숨을 쉴 수 없는 정도의 공황 증세가 나타났다. 상사가 보고서 내용의 잘못된 점을 지적하자 갑자기 과호흡 증상을 보인 것이다. 그 후 집에서나 직장에서 몇 번이나 증세가 나타났고, 의사는 '의사 공황疑似恐慌'이라는 진단을 내렸다. 그녀의 친구들은 스트레스의 원인을 찾기 위해 심리 상담을 받아보라고 조언했다. 하지만 상담실에 마주 앉은 나와 그녀, 두 사람 다 스트레스의 중요한 원인이 뭔지 잘 알고 있었다. 효민의 고민은 그 원인을 알고도 딱히 해결할 방법이 없다는 것이었다.

"전 아무리 노력해도 부모님의 기준에 도달할 수가 없어요. 외모도 안 따라주고 성적도 형편없었어요. 예절을 잘 아는 것도 아니고 그렇다고 쿨한 것도 아니에요. 머리가 좋은 것도 아니고 직장에서 실적도 별로고요."

부족한 것투성이인 나. 하지만 아무리 노력해도 잘 안 된다. 이런 자신이 정말 못난 존재 같다.

심리적으로 내면화된 부모의 꾸지람

효민이 어느 정도 성장하면서 부모님도 전처럼 까다롭게 요구하지 않았다. 하지만 그동안 들었던 부모님의 꾸지람이 그녀의 마음속 깊이 박혀버렸다. 성장 과정에서 비교당하며 자란 탓인지 자존감이 그야말로 바닥이다. 그래서 자신이 조금이라도 잘못하면 부모님이 자신에게 한 것처럼 스스로 욕을 퍼붓는다. 큰 실수라도 하는 날에는 자신이 이 세상에서 살아갈 자격이 없다고 생각할 정도다.

실수하지 않으려고 무슨 일에나 준비를 거듭하며 만일의 경우에 대비한다. 때로는 걱정이 지나친 나머지 새로운 업무에 감히 뛰어들 엄두를 내지 못하며, 승진을 앞두거나 어떤 임무를 부여받았을 때는 더욱 안절부절못한다. **심지어 도피하고 숨어버리는 방식으로 자신에게 주어진 기대와 책임을 면하려는 경향도 보인다.** 그러다 보니 효민의 업무 실적은 들쭉날쭉 불안정하다.

스스로 높은 기준을 세우고 열심히 할 때는 당연히 좋은 성과를 내지만 접해보지 못한 업무나 새로운 고객을 배정받았을 때는 커다란 좌절을 겪기도 한다. 자신이 감당하기 어려운 일이라고 생각하면 며칠씩 결근하는 일도 있다. 이런 일이 반복되니 그녀의 상사도 골치가 아프다. 사실 효민의 업무 능력을 높이 평가한 상사는 충분히 그 일을 해낼 수 있다고 생각했지만 정작 당사자가 느끼는 부담은 너무 컸다. 그래서 자주 효민을 불러 타일렀다.

"실수하는 건 정상이에요. 효민 씨에게 어려운 일을 맡기는 건 능력이 되기 때문이에요."

상사는 그녀를 팀장으로 승진시키려고 마음먹고 여러 번 이를 암시하기도 했다. 그러나 효민은 복잡한 업무를 맡았을 때, 특히 전에 비해 관리 책임이 따르는 프로젝트를 앞두고는 안절부절못했다.

그렇다고 주변에 도움을 청하는 성격도 아니었다. 결국 혼자서 완벽하게 해보려고 쩔쩔매다가 나가떨어지기 일쑤였고, 그때마다 핑계를 대고 회사에 나가지 않는 날이 많았다. 그러다 결국 과호흡 증상까지 나타났다.

나만 스트레스를 견디지 못하는 걸까

"휴가를 내고 집에 있을 때 가족의 반응은 어땠나요?"

내가 참지 못하고 물었다. 평소 성화를 부리던 가족이라면 효민의 그런 상황을 받아들이기 힘들 터였다.

"처음엔 저더러 그런 부담도 못 견디느냐며 그런 정신머리로 밖에서 다른 사람과 어떻게 경쟁하겠느냐고 걱정하셨어요. 그런데 한번은 잔소리를 듣던 중에 갑자기 공황 증세가 나타났어요. 숨도 제대로 쉬지 못하고 곧 죽을 것 같은 지경이 되자 가족 모두 경악했죠.

그 후로는 뭐라고 하지 않더군요. 다만 집에 있을 때 친척이나 부모님 친구들이 방문하면 부모님은 그 사실을 숨기고 프로젝트를 끝낸 제가 이제 막 특별 휴가를 받았다고 둘러대시더라고요."

여기까지 말한 효민이 웃었다. 그러나 마치 삼키기 힘든 것을 억지로 삼키는 듯한 쓰디쓴 웃음이었다.

"사실 부모님뿐 아니라 언니와 남동생도 이런 저를 전혀 이해하지 못해요. 그들에게 저는 창피한 형제일 뿐이죠. 다른 형제는 다들 스트레스 내성이 강해서 웬만한 어려움은 능히 해결할 수 있어요. 회사에서도 우수한 인재로 통하죠. 물론 스트레스야 있겠지만 저처럼 심하게 느끼지 않아요. 언니는 심지어 제게 이런 말도 하더라고요. '같은 부모에게서 태어나 자라면서 야단맞은 건 누구나 마찬가지 아니니? 왜 너만 마음에 담아둬서 가족들을 못된 사람으로 만들어버리니?'"

효민이 또 웃었다.

"가장 힘든 건 그런 말의 의도를 제가 다 알아챈다는 거예요. 저도 언니나 남동생처럼 강인해져서 상처받지 않고 싶어요. 사회의 엄혹함에 잘 적응하고, 그런 것이 저를 앞으로 나아가게 하는 양분이라고 믿고 싶어요. 하지만 그게 잘 안 되네요."

'부족하다'는 생각에 사로잡히는 원인

마음은 굴뚝같은데 몸이 먼저 받아들이지 못했다. 그것은 이 상처가 효민이 감당할 수 없을 정도로 크다는 이야기다. 결코 그녀가 나약해서가 아니다.

사실상 모든 스트레스는 주관적이며 이상 속의 자신과 현실 속 자신의 차이에서 비롯된다. 그 차이가 클수록 받아들이는 스트레스는 커진다. 따라서 같은 상황에 직면해도 자신에 대한 기대가 크고 스스로 높은 기준을 설정하는 사람에게는 스트레스가 더 크게 다가온다. 이는 타인이 상상하기 어려운 일이다.

어쩌면 효민은 스스로 높은 기준을 정해놓고 완벽함을 요구하는 것인지도 모른다. 성장하면서 늘 비교당했고 부모님의 높은 기대를 어느새 자신의 기준으로 삼게 됐다. 그녀는 그것을 해내기 위해 노력하지만, 이런 식으로 완벽함을 추구하는 것은 합리적이지 않다. 우리는 기계가 아니라 사람이기 때문이다. 이런 노력 덕분에 효민은 이번 직장에 들어오기 전까지만 해도 학력이나 능력, 외모, 대인 관계를 비롯한 모든 면에서 훌륭했다.

효민은 그전까지 부모의 기준에 자발적으로 맞추며 노력했고, 심지어 이를 자기비판과 반성의 기준으로 삼기도 했다. 다행히 이런 생존 전략은 효과가 있어서 부모님께 어느 정도 만족감을 안겨드렸고 스스로도 이를 흐뭇하게 여겼다. 자신이 부족하다고 느끼는 초조함으로부터 잠시나마 위로가 되었다. 그녀의 자책감은 사실 마음속 깊은 상처와 자기부정에서 비롯되었지만 말이다.

하지만 직장의 변화, 그리고 자신의 능력을 인정받음으로써 배정받는 업무의 난이도가 점점 높아지고 더 큰 책임이 요구됨에 따라 그전의 생존 전략이 더는 통하지 않게 되었다. 그렇게 되자 모든 것을 완벽하게 하고 그것이 안 되면 자기비판을 하는 습관이 오히려 자신을 옥죄는 족쇄가 되어버렸다.

망가지는 자신을 지켜주고 싶다

같은 부모에게서 태어나고 자라면서 동일한 스트레스에 노출된 상황임에도 누구는 잘 살아가고 누구는 왜 못 견디는지 이해하기 어렵다는 사람도 있을 것이다. 자신의 부족함을 내재적으로 평가하는 것도 우리의 마음을 무겁게 한다. 만약 '지금 내가 이것을 해내지 못한다고 해서 앞으로도 못 하는 건 아닐 거야. 그러니까 힘내야지!'라고 자아를 긍정하며 격려하는 태도를 취하면 자신을 대하는 느낌이 전과는 달라질 것이다. 마음속 반응이 '이런 일도 제대로 해내지 못하는 나는 형편없는 인간이야'가 아니라 '내가 이번에는 제대로 해내지 못했어'로 바뀌기 때문이다. '이번에는 제대로 해내지 못했지만 다음에는 잘할 거야'라는 기분은 약간의 죄책감과 함께 자신이 더 노력할 수 있다는 희망도 동반한다. 이런 기분은 우리가 계속 노력할 수 있게 지지하면서 목표를 추구하게끔 에너지를 제공한다.

하지만 그전에 받아들인 정보가 '내가 이걸 못 해냈으니 난 형편없어'일 경우, 마음은 자기비난과 의혹으로 가득 찰 것이다. **급기야 실패를 거듭하면서 심각한 자책감과 자기혐오로 이어진다. 결국 자신**

이 가장 형편없다고 생각하는 수치심에 사로잡혀버린다. 이런 수치심과 지속적으로 마주할 수 있는 사람은 없다. 때문에 우리는 얼마 남지 않은 망가진 자신을 보호하기 위해 현실도피라는 방법을 쓴다. 도피처는 자신의 내면세계일 수도 있고 게임이나 쇼핑이 될 수도 있으며, 세상과 단절하여 은둔하는 생활이 될 수도 있다.

약물이나 술, 음식에 탐닉하는 경우도 있다. 우리는 이런 도피를 통해 견디기 힘든 실패의 고통에서 벗어나고자 한다. 그렇게 함으로써 우리는 형편없는 자신과 마주하지 않아도 되고 자신에게 실망하지 않아도 된다. 자신에게 실망하거나 다른 사람에게 실망을 안기는 것은 효민만이 아니라 모든 사람에게 무척 고통스럽고 받아들이기 힘든 일이다.

부모로부터 물려받은 이런 자아 요구와 자아비판의 습관이 효민을 삼켜버렸고, 그녀의 능력을 무력화하여 어찌하면 좋을지 알 수 없게 만들었다. 과연 우리는 다른 사람의 기대에 아랑곳하지 않고 진정한 자신의 모습을 찾을 수 있을까?

원래 모습은 오래전에 잊었어

"모습을 찾으니 더욱 이상하게 변했고, 주변 사람들은 그런 제가 부끄럽대요."

미혜가 무표정한 얼굴로 이런 말을 했다. 유니섹스 스타일의 복장을 한 그녀는 외모와는 어울리지 않는 여성스러운 이름을 가졌다. 그것만으로도 미혜 자신과 가족, 부모의 기대 간의 간극이 느껴졌다.

"엄마는 제가 어릴 때부터 여자는 여자다워야 한다고 말씀하셨어요. 언니와 제게 예쁜 치마나 공주 드레스를 사 입히는 걸 좋아하셨죠. 언니는 엄마 말을 그대로 따라 여성스러운 옷차림을 하고 숙녀다운 자세를 유지했죠. 그런데 저는 엄마가 골라준 여성스러운 옷차림이 영 어울리지도 않고 불편하기만 했어요."

미혜가 어깨를 으쓱하며 마치 '어쩌라고' 하는 듯한 쿨한 모습을 연출했다.

"어릴 때는 엄마가 골라준 옷을 입고 밖에 안 나가려고 했어요. 학교는 물론이고 쇼핑이나 결혼식 참석 같은 외출도 극도로 꺼렸죠. 엄마는 화를 내며 골라준 옷을 입으라고 절 때렸지만 전 한사코 거부했어요. 한번은 너무 화가 난 엄마가 '너 같은 걸 낳은 게 후회된다. 어서 꺼져!'라고 하시더군요."

그 장면을 상상하면서 나까지도 괴로워졌다.

"그때가 몇 살 때죠?"

"초등학교 3학년인지 4학년인지 확실하진 않고 어릴 때였다는 것만 기억나요. 그때 처음으로 진지하게 가출을 생각했죠. '혼자 살아갈 수 있을까? 아니면 누구에게 의지하지?' 하고 말예요."

"그래서 어떻게 했어요?"

"아무리 둘러봐도 의지할 사람이 없더라고요. 절 받아줄 만한 사람이 없었어요."

미혜가 큰 소리로 웃었다. 마치 다른 사람의 이야기를 하는 듯한 모습이었다.

인형이라도 된 듯 견디는 삶

"그래서 꾹 참고 언젠가 스스로 일어설 날을 기다렸죠. 집을 나가서 내가 좋아하는 옷을 마음껏 입고 원하는 일을 할 수 있도록 말이에요. 그런데 이상하죠. 내가 남과 다른 게 창피했어요. 여성스러운 옷차림이 싫었고 여자들이 좋아할 법한 인형이나 장신구, 화장품에도 관심이 없었거든요. 어릴 때부터 인형놀이보다는 공차기를 더 좋아해서 남동생과 어울려 놀기도 했죠. 나이가 들어가면서 이런 행위가 부모님이나 학교 선생님 같은 어른들 눈에는 참 이상하게 보이겠다는 생각이 들었어요."

미혜가 느리게 말하는 것을 나는 잠자코 듣기만 했다.

"초등학교 때 친척 어른 한 분이 집에 오신 적이 있어요. 인사를 하고 제 방에 들어갔죠. 그분의 표정에서 이상한 낌새를 눈치챘지만 별다른 생각을 하지 않았어요. 그런데 그분이 가시고 나서 엄마가 제 방 문을 벌컥 열고 들어오시더니 빗자루로 사정없이 때리시는 거예요. 저는 영문도 모른 채 맞고만 있었어요. 나중에 알았는데, 그 친척 어른이 가시면서 엄마에게 제가 아무래도 동성애자 같다고 말씀하셨대요. 엄마는 그 친척 어른과 같은 교회를 다니셨는데, 교회에서는 동성애를 터부시하잖아요. 그러니 그런 말을 들은 엄마는 너무 기가 막혔던 거죠."

이런 경험을 이야기하면서 미혜는 여전히 웃었다. 그녀의 웃는 모습에 가슴이 울컥했다.

"그때부터 엄마는 옷차림부터 행동, 사상에 이르기까지 저를 되돌려놓으려고 기를 썼어요. 저는 마치 사상 개조 캠프에 입소한 학생 같았죠. 엄마는 저를 교회에 데려가 오염된 생각을 씻겨주려고 하셨죠. 저는 당연히 최대한 엄마의 눈을 피했고, 겉으로만 엄마를 따르는 척했어요. 다행히 학교에서는 유니폼을 입었지만 교회에 갈 때는 치마를 입어야 했어요. 마치 인형이라도 된 듯 옷차림에서부터 교회 가는 일까지 엄마가 정해준 대로 의식을 치르듯 인내하며 따라야 했어요."

"당시 일어난 일들을 어떻게 생각해요? 그리고 자신을 어떻게 생각해요?"

나는 여전히 미소를 잃지 않는 미혜를 바라보며 이렇게 물었다.

"물론 나 자신이 너무 한심했죠. 그때부터 정체성을 찾는 게 더럽고 죄가 되는 일이라고 생각하게 됐어요. 다른 사람의 눈에 비친 자신은 형편없이 지저분하고 구역질나는 존재라고 생각했죠. 그런데도 내가 좋아하는 옷차림을 하고 싶었고 원하는 것을 하고 싶었어요. 대학을 갈 때는 집에서 먼 학교로 지원했어요. 엄마의 반대를 무릅쓰고 이 도시를 떠나야 한다고 결심했거든요. 엄마는 엄청 화를 냈지만 어쨌든 결과적으로는 합법적으로 집을 떠날 수 있었어요."

이토록 괴로운 경험을 이야기하면서도 미혜는 여전히 웃는 얼굴이었다.

"그 후 어머니나 가족과의 관계에 변화가 있었어요?"

나의 물음에 미혜가 대답했다.

"그 후로는 집에 자주 가지 않으니 부딪칠 일도 줄어들었어요. 엄마의 말에 여전히 독기가 서려 있었지만요. 하지만 언니가 결혼해서 집을 떠나고 남동생까지 대학에 진학한 후 집에 잘 들어오지도 않게 되자 저를 대하는 엄마의 태도가 조금은 누그러졌어요. 그런데 이번에는 엄마가 저를 의지하게 되면서 항상 뭔가를 해달라고 요구하는 쪽으로 바뀌었어요. 엄마의 방식은……, 선생님은 전문가니까 잘 아시겠네요. '정서적 협박'을 수단으로 내세웠어요!"

미혜가 손바닥으로 다리를 치면서 껄껄 웃었다.

"엄마의 부탁을 들어주지 않는 건 불효를 저지르는 짓이고 그러면 엄마도 속이 상하시겠죠. 고생해서 자식을 키워놨더니 커서는 고마움도 모른다고 생각할 테니까요. 사실 어릴 때부터 엄마는 언니와 남동생을 편애했고 저는 별로 예뻐하지 않았어요. 그런데 이제는 가장 의지하는 자식이 저라는 게 큰 아이러니죠!"

미혜는 여전히 웃음을 잃지 않았다. 가장 아픈 부분을 이야기할 때는 더 환하게 웃었다.

가슴이 두근거리고 숨이 막혀요

"이제는 엄마가 가끔 전화를 걸어와 집으로 부르거나 남동생이 언제 오는지 알아봐달라고 하세요. 남동생은 몇 년 전부터 집과는 아예 연락을 끊고 사는데 그래도 제 전화는 받거든요. 엄마는 전화를 걸어 울며 하소연하세요. 얼마나 힘들게 자식들을 키웠는데 아무도 자신을 거들떠보지도 않고 집에 오지도 않는다는 거죠. 처음엔 엄마의 푸념을 다 들어줬어요. 귀찮기는 했지만 그래야 한다고 생각했거든요. 요즘은 핸드폰 화면에 '엄마'라고 뜨면 가슴이 뛰면서 숨이 안 쉬어지는 느낌이에요. 의사는 제 증상이 조급증이라고 하더군요."

미혜가 한숨을 내쉬었다.

"정말 짜증 나요. 저도 동생처럼 집에 안 가고 엄마 전화도 안 받고 싶어요. 아니면 언니처럼 바쁘단 핑계로 몇 번은 엄마 전화를 따돌릴 수도 있잖아요. 하지만 엄마를 보면 너무 가엾어요."

"그럼 지금은 집에 가끔 들러요?"

"가끔 들르긴 하는데 그 자체가 고통이에요. 엄마는 저만 보면 잔소리를 해대고 또 막상 보면 실망부터 하는걸요. 지금 엄마 옆에 남은 사람이 저 하나밖에 없으니 어쩔 수 없죠."

미혜는 또 웃어 보였다. 그녀의 쓴웃음이 많은 것을 반추하게 한다.

"그래서 전에 그랬던 것처럼 아무 느낌 없이 집 안에서 조용히 지내게 될까 봐 겁나요."

상대의 기분을 해칠까 봐 거절도 못 해요

"그런데 일상생활에서 어디를 가도 소속감을 못 느끼겠어요. 누가 뭘 부탁하면 상대의 기분을 해칠까 봐 거절도 못 해요. 다른 사람의 기분을 살피느라 정작 감정을 닫아걸고 지내는 거죠. 더 견딜 수 없을 때까지 말이에요."

"다른 사람의 말에 따르고 자신을 바꿔야 자기 자리를 확보할 수 있다고 여기는 거 아닐까요?"

나의 말에 미혜가 동조한다.

"맞아요. 정말 웃기는 일이죠. 집을 떠날 때는 나를 찾겠다고 했는데 나중에 보니 어딜 가도 내 모습대로 살기가 어려워요."

그녀는 잠시 침묵하다가 갑자기 고개를 들고 말했다.

"사실 이젠 내 모습이 뭔지도 모르겠어요."

살아가면서 **우리는 자신을 조금씩 내주고 그 대가로 사랑을 받는다. 욕을 듣지 않고 멸시당하지 않는 결과도 함께 말이다.** 그래서 이 사회에 받아들여지고 이 세상에서 생존하고, 숨을 쉬고, 쉴 수 있는 자신의 자리를 확보하고자 한다. 이런 생활을 하다 보면 우리는 억지로 남을 의식하면서 자신을 잃어버리기 쉽다. 원래 자기 모습이 어떤 것이었는지 기억할 수 있는가?

자아실현보다 가족이 먼저

"아기를 낳고 나니 세상에서 내 자리가 없어진 것 같았어요."

내 앞에 최신 유행하는 스타일로 멋을 낸 미녀가 앉아 있다. 동작 하나하나가 우아하기 이를 데 없다. 그녀의 등장에 상담실 공간이 한껏 화사해져서 마치 패션 잡지 촬영장에라도 와 있는 기분이다. 그래서 '이곳이 마치 촬영 스튜디오 같네요' 하고 말할 뻔했다.

이런 그녀가 두 아이의 엄마라니 믿어지지 않는다. 그녀의 이름 은 지민이었다. 지민은 일 년 전에 우울증으로 친구 소개를 통해 나 를 찾아왔다. 당시 그녀는 전업주부 신분이었다. 쌍둥이를 낳은 후 시부모와 남편의 압박에 높은 연봉을 받던 직장을 그만두고 가사와 육아에 전념하고 있었다. 새내기 엄마인데다 도와주는 사람 하나 없 고 하소연할 사람도 없다. 아이를 키우면서 받는 스트레스와 무력감은 직장에서와는 딴판이었다.

지민은 직장에서 영향력 있는 인재로 인정받았다. 문제 해결 능력도 뛰어나 그녀의 앞을 가로막는 것은 아무것도 없었다. 그녀는 무력감을 싫어했다. 그래서 모든 일을 스스로 통제하는 습관을 갖고 있었다. 자신의 계획대로 일이 진행되기를 원했다. 유능한데다 모든 것을 빨리 습득하는 그녀답게 생활의 모든 면이 질서 정연하게 유지되었으며, 모든 면에서 완벽했다.

그런데 쌍둥이를 낳고 전업주부로 살다 보니 모든 일이 자기 뜻대로 흘러가지 않았다. 아기는 엄마 사정을 봐주지 않았으며 엄마를 이해해주지도 않았다. 도와줄 사람도 없는 상황에서 안간힘을 썼지만 지민은 생활 질서를 유지하는 데 능력의 한계를 처음으로 느꼈다. 전과 달리 자신이 모든 일을 완벽하게 해내는 존재가 아니라는 사실은 큰 무력감으로 다가왔다.

내가 사라졌다

"주변 사람과 남편을 비롯해 말만 많고 도움 하나 주지 않는 사람들에게 크게 실망했죠. 나 자신에 대한 실망이야 더 말할 필요도 없고요."

지민은 물 한 모금을 마신 후 컵 언저리에 묻은 립스틱 자국을 우아한 동작으로 닦아냈다.

"돌아보니 아이를 낳고 나서 많은 것을 잃었어요. 가장 두려운 것은 거울 속의 내가 갑자기 낯설어졌다는 거예요. 초점 잃은 눈에 흐트러진 머리카락, 꾀죄죄한 얼굴을 한 여자가 거울 속에 서 있었어요."

지민이 한쪽 입가를 씰룩거렸다.

"그때는 늘 외로움을 느꼈어요. 특히 이전의 모습으로 돌아갈 수 없다고 생각하니 너무나 괴로웠어요."

그러나 사람들에게 실망을 안겨줄 수 없었던 그녀는 모든 일을 필사적으로 해냈다. 아기를 돌보고 밤중에 수유하고 집 안을 정돈하고 음식을 만들었다. 그렇게 그녀는 사람들이 자신에게 마땅히 해야 한다고 기대하는 일들을 기계적으로 해냈다. 하지만 그렇게 안간힘을 쓰다가 끝내 더는 버틸 힘을 잃어버렸다.

"나중에 의사로부터 우울증 진단을 받았을 때는 솔직히 말해서 많이 놀랐어요. 내 스스로 꽤 씩씩해서 우울함 따위는 모른다고 생각했거든요. 결국 나 역시 자신의 능력을 과대평가한 거였어요."

이렇게 말하면서 지민은 자조적으로 웃었다. 우울증이 발생한 원인은 그녀 스스로 인정한 것처럼 스트레스 내성이 약하다기보다는 바쁜 생활 속에서 아무 도움도 받지 못한 채 어쩔 수 없이 희생해야 하는 자신에 대한 상실감과 괴로움이라고 보는 편이 더 적합하다. 자신이 나쁜 방향으로 변한 것만 생각하다 보니 '예전의 자신은 어디로 간 것인지', '그 모습을 되찾을 수는 있을지' 하는 걱정이 우울감으로 변했다.

물론 이런 순간 찾아온 우울증이 반갑지는 않다. 하지만 바빠서 슬퍼할 시간도 없던 지민에게 괴로워할 기회를 주고 자신이 어떤 소중한 것을 잃었는지 돌아보게 하는 데 우울증의 가장 큰 기능이 있다.

완벽하게 해내서 그런 사람들의 입을 막아버려야죠

"거의 1년 만에 직장에 복귀하기로 했어요. 다행히 전에 다니던 회사의 사장님이 제 사정을 봐줘서 한 주에 며칠은 재택근무를 할 수 있게 해줬어요. 아이를 봐줄 베이비시터도 구해서 재택근무 때도 일에 지장이 없었죠. 이렇게 하니 예전의 모습을 되찾은 것 같았어요. 생기가 넘쳤고 적극적으로 즐겁게 생활했죠. 업무를 멋지게 해낼 뿐 아니라 직장과 가사, 육아를 훌륭하게 병행하는 슈퍼우먼이 되겠다고 결심했어요. 바깥일을 핑계로 집안일과 가족, 육아에 소홀해졌다는 말은 듣기 싫었거든요. 완벽하게 해내서 그런 사람들의 입을 막아버려야죠."

지민이 마치 여왕처럼 화사하게 웃었다.

"날마다 바쁘게 지내면서도 무척 행복했어요. 최소한 예전의 업무 감각을 되찾았고 성취감도 느끼며 원래의 나를 되찾았으니까요. 모든 것이 순조로웠죠. 다만……."

지민이 잠시 말을 멈췄다.

"전에 없던 쇼핑중독이 생겼어요. 갑자기 충동적으로 물건이 사고 싶고, 많은 돈을 들여 물건을 사 와서는 그냥 쌓아뒀어요. 심지어 수

백만 원짜리 명품 백을 몇 개나 사 오기도 해요. 전에는 그렇지 않았거든요. 그런 일이 잦아지니 남편도 병원에 가보라고 하더군요. 내키지 않았지만 그의 말대로 병원을 찾았고, 의사는 경미한 조울증 증세로 진단했어요. 물건을 미친 듯이 사들이는 건 조증이 발동해서라고 하더군요."

지민이 웃으면서 한숨을 내쉬었다. 자의식과 자제력이 강한 지민의 입장에서 심리적이든 행동에서든 약하고 무력한 자신의 모습을 목도하는 것은 매우 힘든 일이었을 것이다. 특히 그전에 발생한 우울증을 스스로 다스렸던 그녀가 이번에는 조울증 진단을 받았으니 그야말로 청천벽력 같았을 것이다.

"의사가 그런 말을 했을 때 어떤 기분이 들었어요?"

"당연히 놀랐죠. 어떻게 된 게 상황이 안 좋을 때나 좋을 때나 병 증세가 나타날까 하고요."

지민이 쓴웃음을 지으며 무력감을 드러냈다.

병이 발생하는 것은 도와달라는 신호

대부분의 사람이 심리적 증상이나 질병으로 진단받을 때 이를 받아들이기 힘들어한다. 이런 사실은 자신은 물론이고 남에게도 꼬리표처럼 낙인찍히기 십상이다. 그래서 '내가 그토록 나약하단 말인가?', '내가 정말 병에 걸린 걸까?' 같은 자신에게 해로운 생각을 품기 쉽다.

하지만 상담심리사의 관점에서 볼 때 이런 심리적 증상은 질병보다는 '적응'으로 해석해야 한다. 예컨대 체질적인 영향 외에, 현재 생활에 적응하는 과정에서 극도의 스트레스와 자기 요구로 발생한 심신의 부담을 어찌할 수 없을 때 이런 심리적 증상이 나타난다. 의식적인 기대와 요구를 달성하기 위해서 이런 심리적 증상을 발전시켜 심신의 균형을 이루고 말할 수 없는 스트레스를 해소하는 것이다. 이렇게라도 스트레스를 풀지 않으면 내부에서 폭발할 가능성이 있다. 이런 증상이나 행동은 생활 속에서 다른 문제를 초래한다.

이런 심리적 증상은 그동안 지나치게 노력하느라 자신을 돌아볼 틈이 없는 우리에게 몸과 마음이 보내는 유일한 신호다. 이런 신호가 오면 지금까지의 생활을 돌아보고 잘못된 점이 있는지 살펴봐야 한다. 모든 일에 완벽을 추구하는 지민의 입장에서 이런 증상의 출현은, 마치 제어력을 잃어버린 롤러코스터처럼, 그동안 질서 정연하게 유지되던 생활에 충격과 혼란을 가져왔다. 그래서 그녀는 자제력을 잃었다는 두려움과 초조함에 시달리게 된 것이다.

"의지력을 통제하지 못하고 자신의 기준에 따라 일을 해내지 못하는 이 모습이 과연 나의 진짜 모습이란 말인가?"

지민이 혼잣말을 중얼거렸다. 완벽을 추구하며 살아온 지민이 원하는 것은 유능하고 쓸모 있는 자신의 모습일 것이다. 그래야 스스로 안전하다는 느낌을 가질 수 있다.

그런데 만약 내가 부족하고 쓸모가 없어서 다른 사람의 기대에 부응하지 못한다면, 나는 더 이상 내가 아닌 걸까?

유능하지 않으면 도태된다

"사실 궁금해요. 제가 완벽주의자는 아니지만, 쓸모없는 존재가 되어 노력도 하지 않는다면 이 세상에 더 살아서 뭘 하겠어요?"

준표는 레지던트 4년 차 의사로, 이제 막 치프 레지던트로 일을 시작했다. 그런데 최근 병원에서 일하면서 자신의 성질을 다스리는 것이 점점 어려워졌다. 인내심이 바닥났는지 짜증을 자주 내고 병원에서도 몇 번 화가 폭발했다. 심지어 동료, 교수, 환자와 충돌하는 일도 있었다. 결국 지인의 추천으로 이곳에 상담을 오게 되었다.

준표가 일하는 병원은 대만에서 최고를 다투는 랜드마크 병원으로, 업무 스트레스가 세고 경쟁도 매우 치열하다. 이 병원의 의과대학 출신인 준표는 대학에 들어올 때부터 한시도 긴장을 늦춰본 적이 없다. 상담 첫날 그는 이런 말을 했다.

"고등학교 때까지만 해도 꽤 똑똑하다고 생각했어요. 하지만 의과대학에 와서 그 생각이 바뀌었어요. 그에 앞서 큰 충격을 받았다고 봐야죠."

"그게 무슨 말인가요?"

"똑똑한 애들이 너무 많더라고요. 의과대학에는 인간계를 넘어선 신계 수준의 인재가 너무 많았어요. 학생 추천제로 입학한 애도 있고 유학에서 돌아온 애들도 있었는데, 하나같이 제1지망으로 들어온 우등반 출신이라는 배경을 기본으로 가진 애들이었어요."

준표가 웃으면서 말을 이었다.

"어떤 애들은 공부도 별로 안 하는데 시험을 보면 너무 쉽게 높은 점수를 따는 거예요. 어떤 애들은 바쁜 학업 스케줄에도 도서상을 타내더라고요. 또 그냥 보면 평범한 애들인데 병리학 같은 어려운 과목에서 늘 상위권을 유지해요. 스스로 특별하다고 생각하고 노력도 하는 애들이나 어지간히 똑똑한 애들도 우리 과에 들어와서는 자신이 평범하기 짝이 없고, 심지어 형편없다는 현실을 깨닫게 돼요. 대학에서 열심히 책만 파다가 병원 실습 과정에 들어와서는 열심히 임상을 해야 했어요. 처음 시작하는 실습생Clerk, 수련의Intern 단계는 기본적으로 생태계의 최하단이죠. 여기저기 불려 다니고 이 사람 저 사람에게 혼나는 게 일상이에요."

준표는 그게 당연하다는 표정을 지어 보이며 그의 커리어에 대해 내가 입을 뗄 수도 없게 만들었다.

"실습 때의 실력은 학교 성적의 연장선상에 있어서 향후 과 선택에 중요한 요소가 됩니다. 각 학과의 정원이 다르기 때문에 인원을 적게 뽑는 학과와 인기 있는 학과로 지망생이 몰리죠. 학교의 동기들 모두 서로 경쟁자가 됩니다. 그래서 가까스로 학과를 선택했다고 해도 경쟁자가 같은 선택을 했다면 레지던트 과정에서 또 한 번 쥐어짜는 과정이 시작됩니다. 끝도 없이 몰려드는 환자와 아무리 정리해도 끝나지 않는 차트들. 환자 가족들의 무리한 요구에 시달리는 일도 다반사죠. 아직 경력이 미천하니 진정한 의사로 대하지 않는 건 당연하고요. 때로는 베테랑 간호사들이 주치의에게 던지는 모멸감을 맛봐야 할 때도 있어요. 가장 견디기 힘든 건 매일같이 내가 과연 제대로 하고 있는지 회의를 느낀다는 겁니다. 난 일에 치여서 죽을 지경인데 남이 하는 걸 보면 수월한 것 같고 나보다 적응을 잘하는 것 같아요. 남들은 이 일이 잘 맞는 것 같은데 나는 하루하루 불안하고 초조하거든요."

여기까지 말한 준표는 앞에 놓인 컵을 들고 물을 한 모금 마셨다.

날마다 물에 빠지는 기분

"말하는 걸 들으니 정말 물에 빠지는 듯한 느낌이겠어요. 날마다 일과 초조함에 매몰되는 기분인가요?"

나는 그의 일상을 묘사해보려고 시도하며 이렇게 물었다. 사실상 그의 일과는 듣고만 있어도 숨이 차다.

"맞아요. 바로 그런 기분이죠."

준표가 대답하며 고개를 끄덕인다

"제가 비슷하게 묘사를 했네요. 그동안 충분히 고통스러웠을 텐데, 게다가 매일 출근까지 해야 하니 정말 쉽지 않았겠어요. 그걸 어떻게 견뎌왔어요?"

"안 갈 수가 있나요? 견디고 말고가 없는 일입니다. 모든 선생님과 선배가 그렇게 해왔거든요. 동기들도 나와 마찬가지로 그런 생활을 하고 있어요. 그들이 견디는데 나라고 못 견딜 게 없다는 말을 하고 싶으시겠죠? 물론 버티지 못하고 떠난 사람들도 있긴 합니다. 대학 때는 물론이고 병원에 들어와서도 당연히 있어요. 하지만 못 버티고 물러난 것은 무척 부끄러운 일입니다. 그런 사람은 떠난 후에도 모두의 입에 오르내리죠. 비록 속으로는 이런 생활을 더는 안 해도 되겠다며 그들을 은근히 부러워하면서도 말이죠. 하지만 대체로 버티지 못하는 사람을 패배자로 치부하는 분위기예요. 병원은 이른바 약육강식의 생태계입니다. 약하면 도태되고 쓸모없는 패배자가 되어버려요. 그러니 어느 누구도 자신이 그 세계에서 도태되기를 원치 않죠."

'하얀 거탑'이라는 생태계

"중도 이탈자를 다들 그렇게 평가하나 보죠?"

나의 '센스 없는' 질문에 준표가 웃었다.

"그런 말을 대놓고 하는 사람이 어디 있겠어요? 하지만 다들 이런 환경에서는 패배한 사람이 떠나가고 승자가 독식한다고 생각해요."

그런 환경과 압박감을 상상하니 나도 모르게 모골이 송연해졌다. 그야말로 〈하얀 거탑〉 판 생태계라는 말이 맞는 것 같다.

"그래서 그렇게 노력하는군요. 버틸 수 없는 상황에서도 어떻게든 버텨야 한다고 스스로 다그치겠어요."

"다들 그러는 걸요. 의료 현장에서는 모든 일을 다 해내야 해요. 유능하고 쓸모 있어야 하며 스트레스 내성도 높아야 해요. 그래야 어떤 문제라도 해결하고 사람의 생명을 구할 수 있으니까요."

준표가 갑자기 작게 한숨을 쉬었다. 아주 작은 한숨이어서 그 자신조차 느끼지 못할 정도였다.

여기서 울면 다른 사람에게 피해를 주잖아

"담당하던 환자가 세상을 떠났을 때 처음에는 무척 괴로웠어요. 한밤중에 당직실로 뛰어가 남몰래 울고 있었어요. 그때 함께 당직하던 선배가 들어오더니 차갑게 말했어요. 울 시간이 있으면 다른 환자 케이스나 더 들여다보고 조정할 방법을 연구하라고 말예요. 여기서 울고 있으면 다른 사람에게 피해를 준다는 겁니다."

"세상에나!"

나는 더 말이 나오지 않았다. 정말 냉혹한 세상이다.

"그래요. 다들 이런 모습으로 살아가죠. 그 선배의 말도 틀린 건 아니에요. 우리는 슬퍼할 시간도 없거든요. 환자는 밀려들고, 많은 사람이 우리를 필요로 하죠. 모든 사람이 우리에게 뭔가를 요구합니다. 환자는 쓸모없는 의사를 원하지 않아요. 이런 환경에서는 더 강해지고 쿨해져야 생존할 수 있어요."

쓸모 있다'는 것은 다른 사람의 필요에 맞추는 것이며, '훌륭하다'는 것은 이런 환경에서 살아남는 데 필요한 가치와 자신의 위치를 찾는 것이다. 이 두 가지가 합쳐져서 커다란 압박으로 다가온다. 이곳에서는 아무도 달아날 수 없다. **오로지 자신의 감정을 닫아걸고 능력에만 초점을 맞춰 자신을 쓸모 있고 유능하게 만들어야 도태되지 않고 살아남을 수 있다. 또 그래야 견딜 기회도 만들 수 있다.**

이곳은 매일 사람이 죽어 나가는 곳

"언제부터인지 자꾸 짜증이 나요. 누가 실수라도 하면 불같이 화를 내게 되더라고요. 때로는 아주 절망적인 생각에 빠져서 내가 뭘하고 있는지, 삶에 무슨 의미가 있는지 모르겠더라고요. 집에 가도 짜증이 나서 가족과 말다툼도 잦아요. 그들이 말하는 내용이 너무 지루하고 따분해요. 좀 더 의미 있는 대화를 나눌 수는 없는 걸까요? 물론 대인 관계도 엉망이에요. 고등학교 때 친했던 친구들을 만날 시간도, 그럴 마음의 여유도 없어요. 그들의 시시콜콜한 일상 이야기를 듣고 있노라면 짜증부터 나요. 상사의 사소한 핀잔에도 속상하다는 사람들은 무슨 복인지 모르겠어요. 우리 현장에서는 **날마다**

사람이 죽어 나가는데 말이죠!"

준표의 말소리가 점점 커졌다. 그의 말에서 분노와 무력감을 깊이 느낄 수 있었다.

우리를 보호하고 일깨워주는 장치

우리가 능히 감당할 수 있는 고통과 스트레스 지수라는 것이 있다. 그런데 날마다 어쩔 수 없이 맞닥뜨려야 하는 생로병사는 극단적인 아픔이다. 환경적으로 적절한 지원이 없는 상황에서 이런 업무를 하다 보면 큰 상처에 노출될 수밖에 없다. 일종의 외상 후 스트레스는 **치료할 시간도 방법도 없고, 결국 다른 방법으로 터져 나오게 된다. 분노, 초조함, 우울감, 슬픔 같은 감정**을 해소할 방도가 없다.

우리는 기계가 아닌 사람이기 때문에 이런 감정을 억누르고 있을 수만은 없다. 물론 우리에게 능력이 있어서 정서를 단절한다면 묵묵히 할 일에 집중할 수는 있을 것이다. 가령 의사가 집도할 때 이런 능력이 요구된다. 하지만 이런 능력을 장기적으로 사용하거나 심지어 매우 쉽게 구사할 수 있다면 이런 능력은 생활에 적응하는 방편으로 자리 잡게 된다. 그리하여 언제 어디서나 정서 단절 상태에 놓인다면 자신의 진정한 감정과 점점 괴리되는 결과를 가져온다.

'이상'을 발견했을 때는 이미 심각한 상태로 발전한 뒤다. 왜냐하면 정서란 일종의 경고 장치로, 사람에게 뭔가 잘못되었으니 주의하고 조정하라고 깨우쳐준다. 우리가 이를 소홀히 한다면 결국 분노나 초조함, 우울감, 슬픔 같은 감정이 축적되어 모든 생활 영역을 잠식할 것이다. 이런 경우에 우리 자신과 우리의 생활은 통제 불가한 상태로 변해버린다. 준표가 바로 이런 경우에 해당된다. 그의 능력이 부족해서가 아니라 능력이 넘치는 게 문제였다.

준표는 정서 단절이라는 능력을 최대치로 발휘하여 어려운 환경에서도 생존할 수 있었다. 그러나 그의 본질은 여전히 감정이 풍부하고 타인의 기분을 잘 의식하는 사람이다. 우리가 스스로 가면을 쓰고 다른 사람이 되고자 할 때, 즉 자신에게 감정이 없는 상태를 요구할 때, 우리는 생존을 위해 비로소 정서 단절을 선택한다. 하지만 이런 선택은 가장 기본적인 권리와 본능을 짓밟는 결과를 초래한다.

풍부한 감성과 정서는 하늘이 인간에게 내린 선물인지도 모른다. **애초에 우리는 이 세상을 풍부하게 느끼기 위해 태어난 존재가 아니던가!**

저항

무엇이 문제인지 인식하기

행복에 대한 동경이 너무 간절할 때,
고통은 사람의 마음 깊은 곳에서 피어난다.

- 알베르 카뮈Albert Camus

밝힐 수 없는 비밀

외면한 것이 가장 중요한 것일지도

성공에 목매는 명훈

"공황증 해결 방법만 알려주면 되는데 굳이 제 사생활을 알아야 해요?"

내가 명훈에게 그의 생활, 이를테면 그의 부모와 그의 일, 배우자와의 관계 등을 물었을 때 그는 무척 불쾌한 기색을 보였다.

"그냥 해결책만 알려주면 그대로 따를게요. 그건 곤란한가요? 아니 여긴 SOP Standard Operating Procedure (표준운영절차_옮긴이) 같은 것도 없어요? 찾아오는 사람마다 한참 말을 시켜야 겨우 문제를 해결할 수 있나요? 상담을 이렇게 비효율적으로 해서야, 원! 여기서 한가하게 얘기나 나눌 시간이 없단 말입니다!"

명훈은 성급함을 드러내며 다리를 떨기 시작하더니 급기야 손으로 책상을 탁탁 치기까지 했다. 상담심리사인 내게 예의를 차릴 여유가 없어 보였다.

"명훈 씨는 본인도 말했듯이 스트레스 내성이 강한 분이죠. 지금 하시는 일이 예전만큼 힘들지도 않다고 하셨고요. 그래서 명훈 씨 생활의 다른 면, 가령 가족과의 관계에 변화가 있는지, 또 본인에게 어떤 영향을 미치는지 알고 싶군요."

조급함과 의혹에 가득한 명훈을 앞에 놓고 나는 슬며시 심호흡을 했다. 목소리를 좀 더 부드럽게, 태도는 확고하게 할 필요가 있다. 순전히 전문가로서 **'이런 대화가 당신에게 중요하고, 난 당신에 대해 더 알아보고 싶다'**는 메시지를 전하기 위해서다.

명훈은 눈을 크게 뜨고 날 바라보며 침묵을 지켰다. 내 기세에 조금은 누그러진 듯했다. 나는 계속 미소를 지으며 말없이 그를 바라봤다. 그렇게 한참 동안 서로 응시하던 중, 명훈이 갑자기 눈길을 다른 곳으로 돌렸다. 그는 한숨을 내쉬며 소파 깊숙이 몸을 기댔다.

"좋습니다. 무슨 말부터 할까요?"

형이 있었던 것 같아요

"생각나는 대로, 어떤 사람도 좋고 어떤 사건도 좋으니 편하게 말씀하세요."

나는 격려의 미소를 띤 채 속으로는 '기에 눌려서는 안 돼!' 하고 자신에게 계속 외쳤다.

"전 평범한 가정에서 자랐어요. 저까지 세 식구인데 아버지는 제가 대학 다닐 때 돌아가셨고, 어머니는 작은 잡화점을 경영하고 계시죠."

여기까지 말한 명훈이 눈동자를 이리저리 굴렸다. 뭔가 생각이 났는데 말하는 걸 주저하는 모습이었다.

"뭐 생각나는 일이라도 있어요?"

나는 단도직입적으로 물었다. 말투는 온화했지만 주저함이 없는 표정을 지었다. 나를 보며 잠시 머뭇거리던 그가 마침내 입을 열었다.

"저보다 열두 살 많은 형이 있었던 것 같아요."

"있었던 것 같다니요?"

명훈이 고개를 들어 나를 바라봤다.

"방금 세 식구라고 한 건 형을 아예 빼놓고 말한 겁니다. 근데 얼마 전 어머니 말씀을 듣고 새로운 소식을 알았죠."

"어머니가 무슨 말씀을 했는데요?"

"최근에 가깝게 지내던 고등학교 선배가 심근경색으로 갑자기 세상을 떠났어요. 급히 장례식장에 갈 준비를 하는데 어머니가 전화를 걸어오셨고, 자연스럽게 그런 얘기가 나왔죠."

명훈은 자기도 모르게 입을 꾹꾹 다물었다.

"늘 그렇듯 어머니는 제게 과로하지 말고 조심하라고 당부하셨죠.

그러더니 갑자기 '네 형이랑 아버지도 심장병으로 세상을 떠났으니 너도 조심해야 한다'고 하셨어요. 형이 있었다는 걸 그때 처음 알게 된 거죠."

"그러니까 가족들이 형님 얘기를 한 번도 하지 않았고, 집 안에 그분 사진이나 유품도 없단 말인가요?"

나이 차이가 많은 형이라 오래전에 세상을 떠났더라도 단 한 번도 언급이 없었다니 아무래도 이상하다. 친척 중에서 그분을 본 사람이 있을 텐데 마치 세상에 태어난 적도 없었다는 듯이 가족 내에서 형은 사라진 존재였다.

"그러니까요. 처음 그 얘길 들었을 때 얼마나 놀랐겠어요. 더 여쭤보려고 했지만, 어머니는 황급히 전화를 끊어버렸어요. 하는 수 없이 아버지께서 돌아가신 후 한 번도 만난 적 없는 작은아버지께 전화를 드렸죠."

명훈이 컵에 든 물을 한 모금 마셨다.

"작은아버지는 자기도 잘 모른다며 얼버무렸지만, 결국 저보다 열두 살 많은 형이 있었고 아홉 살 때 심장병으로 세상을 떠났다고 하시더군요. 할아버지께서 그 형을 무척 아끼셨대요."

"그러니까 어머님 말씀은 명훈 씨 아버지와 형님이 모두 심장병으로 돌아가셨다는 거죠?"

"그렇다고 들었어요. 하지만 아버지는 술을 많이 드신 게 원인이고 형은 선천적으로 심장병이 있었다는 것 같아요."

어느새 명훈은 입을 앙다문 표정을 지었다.

가족이 발설을 꺼리는 비밀

"그 일을 알고 나서 명훈 씨는 어떤 영향을 받았나요?"

"그렇게 말씀하시니 생각나네요. 공황발작이 처음 일어난 게 그 사실을 알고 얼마 지나지 않았을 때였어요."

이렇게 말하고는 명훈이 갑자기 웃기 시작했다.

"말도 안 돼요. 아버지나 형처럼 심장병에 걸릴지도 모른다는 생각에 공황발작이 일어났다니, 너무 웃기지 않아요?"

명훈의 얘기를 듣는 내내 나는 영문 모를 괴이한 기분에 사로잡혔다. 그의 형이 그토록 숨겨진 존재가 된 게 단지 어린 나이에 일찍 죽어서라니. 단지 그런 이유로 가족에게서 완전히 잊힌 존재가 될 수 있을까? 부모의 입장에서 자식의 죽음을 어떻게 받아들이고 어떻게 삭여야 할까? 과연 무엇이 명훈 어머니의 입을 다물게 했을까? 뭔가 건드리면 안 되는 비밀을 품은 가족이다.

명훈의 어머니는 큰아들의 죽음을 입에 올리는 걸 꺼리고, 명훈 역시 어머니에게 직접 묻지 못하고 거의 왕래가 끊긴 작은아버지께 연락한 것일 테다. 그 일이 명훈에게 큰 충격으로 다가왔음은 분명하다. 그의 인생에 얼마나 중요한 영향을 미쳤는지가 아직 미지수일 뿐이다.

"이런 말씀을 드려야 할지 모르겠어요."

상담실에 온 채린이 우물쭈물하며 말을 꺼냈다. 나는 진지한 표정으로 그녀를 바라봤다. 이렇게 망설이는 것으로 봐서는 틀림없이 중요한 내용일 것이다.

"무슨 일인데요?"

"사실…… 스트레스를 받으면 먹을 것을 잔뜩 사서 귀가해요. 그런데 그걸 다 먹고 나서는 토해버려요."

채린이 고개를 숙이며 나를 똑바로 쳐다보지 못한다. 마치 큰 잘못을 저지르고 야단맞을까 봐 두려워하는 아이 같다.

비밀은 때때로 수치심을 동반한다

"그런 말을 꺼내기가 정말 어려웠겠네요. 언제부터 시작된 거죠?" 나는 채린을 격려했다.

"대학 때부터 가끔 그런 적이 있었어요. 중요한 리포트를 써야 하거나 중간고사, 기말고사를 앞두고 압박감이 클 때 그렇게 되더군요. 졸업 후 직장에 들어가고부터는 완전히 습관이 되어버려서 거의 매일 그러다시피 했죠."

"어떤 상황인지 말해줄 수 있나요?"

"회의 시간에 일을 형편없이 했다고 지적을 당한 날이 있어요. 그런 날은 귀갓길에 먹을 것을 잔뜩 사서 들어가요. 가령 프라이드치킨 패밀리 사이즈에 프렌치프라이를 곁들이거나 포테이토칩에 콜라 큰 거 한 병, 거기에 케이크 여러 조각 등을 한꺼번에 사 가는 거죠. 그걸 한입에 다 털어 넣고 나면 이내 죄책감이 몰려와요. 살이 찔까 봐 걱정되기도 하고요. 그래서 실컷 먹고 나서 그걸 토해버려요. 토하고 나면 한숨 돌리는 느낌이 오는데 곧이어 '나는 도대체 왜 이 모양일까' 하고 엄청난 자기혐오가 몰려오죠."

채린에게 폭식증은 하소연할 길 없는 정서적 탈출구였다. 삼키고 토하는 행위는 그녀가 식별하거나 표현할 길 없는 정서나 스트레스와 같다. 따라서 폭식증은 일상의 스트레스를 푸는 일종의 의식이 된 지 오래다. 이제는 삶의 일부가 되어버린 폭식이라는 행위를 통해 자신의 가장 형편없는 모습을 마주하고, 때로는 위로받기도 하는 것이다.

문제는 **이런 일이 반복되면서 스트레스는 일시적으로 해소될지언정 자신이 형편없다는 수치심이 몰려온다**는 것이다. 채린의 강한 자기부정, 즉 자신의 능력과 행동을 부정하고 폭식증을 후회하는 행동은 남에게 알려서는 안 되는 비밀이 되었다. 비밀이란 수치심을 동반하는 존재다. 남에게 숨겨야 하는 일이 있을 때, 그 일은 사람을 창피하게 만들고 자신이 형편없다는 생각을 하게 한다. 왜냐하면 그건 '나쁜 일이고 남에게 알려서는 안 되기 때문'이다.

오랫동안 비밀을 간직하다 보면 처음의 '나쁜 일, 창피한 일이라고 느끼는' **죄책감이 자신에게 전이되어 '자신에게는 나쁜 점이 있고 그건 남에게 알려서는 안 되는 수치스러운 일'이라는 수치심으로 변질된다.** 채린의 입장에서 그토록 오래 감춰왔던 비밀을 지금 털어내고 스스로 형편없다고 느끼는 자신을 정면으로 마주하는 것은 매우 큰 용기가 필요한 일이다.

먹는 것으로 자신을 위로하다

"폭식하는 습관을 그렇게 오래 지속해왔는데 참 힘들었겠어요. 그럼에도 아무에게도 하소연하지 않았군요. 궁금해서 그러는데, 음식을 먹는 것으로 위안을 삼은 게 줄곧 해온 습관인가요, 아니면 대학 다니면서 처음으로 그렇게 했나요?"

채린이 자신의 손가락 관절을 꺾기 시작했고 그녀와 나 사이에 침묵이 흘렀다. 시간이 꽤 흐르고서야 마치 결심이라도 한 듯 그녀가 고개를 들고 입을 열었다.

"초등학교 때부터 먹는 걸 좋아했어요. 그때는 살이 많이 쪄서 아무도 절 좋아하지 않았죠. 아빠는 날 때렸고 엄마도 날 밀어냈어요."

나와 채린은 서로 마주 보았다.

"방금 한 말은 아주 중요해요. 좀 더 자세히 말해줄 수 있어요?"

마음이 무거워진 내가 말의 속도를 늦추며 채린이 좀 더 말할 수 있게 격려했다. 처음 입을 열 때보다는 좀 수월해졌는지 자신의 성장 과정을 담담히 얘기했다.

엄마, 가지 마!

채린은 외동딸로 태어났다. 그녀가 어릴 때부터 부모님은 다툼이 잦았다. 엄밀히 말하면 아버지가 술을 마신 후 술주정을 심하게 했고, 어머니가 몇 마디 대꾸하면 폭력으로 돌아오는 식이었다. 채린은 어릴 때부터 이런 식의 부부 싸움을 자주 목격했다. 심지어 어머니에게 화가 난 아버지가 채린이를 붙잡아 어머니 앞에서 때리는 일도 있었다.

채린이 열 살쯤 되었을 때 부부 싸움 끝에 그녀의 어머니가 집을 나가버렸다. 술에 취한 아버지가 어머니를 또 때렸고 그길로 짐을 싸서 떠난 것이다. 당시 초등학생이던 채린은 어머니를 따라가며 울부짖었다.

"엄마, 가지 마!"

어린 나이에도 어머니가 다시는 돌아오지 않을 것 같다는 예감이 들었기 때문이다. 슬프게도 그 예감은 적중했다.

채린은 그날의 기억이 생생하다. 그녀가 울부짖으며 붙잡자 어머니는 잠시 멈춰 서서 딸을 바라보았다. 그러더니 고개를 돌려 가던 길을 가버렸다. 더는 딸을 돌아보지 않았다. 그렇게 떠난 어머니는 다시는 돌아오지 않았다.

아빠를 미워해야 하는데 그게 안 돼요

"그 후에는 어떻게 지냈어요?"

채린이 털어놓은 이야기가 내 가슴을 무겁게 짓눌렀다.

"그럭저럭 지냈죠. 아빠는 여전히 술을 마셨고 엄마 대신 절 때린 날도 있어요. 화가 나면 제 앞에서 엄마 욕을 하시며 엄마가 절 버렸다고 말씀하셨어요."

채린은 웃음을 지어 보였지만 두 눈에는 눈물이 고여 있었다.

"아빠를 미워하는 게 정상인데 그렇지가 않네요. 술만 안 드시면 그렇게 좋은 분일 수가 없거든요. 저를 아껴주셨어요. 제가 좋아하는 음식은 줄을 길게 서서라도 사다 주셨어요. 그러면서도 말로는 누가 사줬다고 둘러대셨죠. 아빠가 절 사랑하셨다는 걸 알거든요."

채린이 눈물을 흘렸다.

"중학교 진학을 앞두고 고모는 제가 공부를 곧잘 하니 진학률이 높은 학교에 보내자고 했어요. 아빠는 진학률 높기로 유명한 중학교에 저를 입학시켰어요. 새로운 환경으로 바뀌니 다른 학생들이 전부 대단해 보였고, 새 친구들과 어떻게 지내야 할지 모르겠더라고요. 공교롭게도 우리 반에 초등학교 때 옆 반에다 바로 옆집에 살던 애가 있었어요. 시골이라서 서로 집안 사정을 다 아는 사이였거든요. 그 아이는 엄마가 집 나간 일을 동네방네 다 떠들고 다녔어요. 그 아이 때문에 제 집안 사정이 다 알려진 거죠. 게다가 당시 전 못생기고 뚱뚱한데다 말주변도 없으니 아무도 제게 다가오지 않았어요. 결국 왕따가 되어 외로운 학창 시절을 보내야 했죠. 수업이 끝나고 집에 가면 군것질거리를 잔뜩 쌓아놓고 공부했어요. 얼마 지나지 않아 통통했던 몸은 고도비만 체형으로 변했고 그런 내 모습은 모두의 놀림감이 되었어요. 아버지까지도 '그렇게 뚱뚱해서는 시집도 못 갈 텐데 공부는 해서 뭐 하니?' 하며 놀리곤 했어요. 아빠의 말에 화가 나서 말대꾸를 했죠. '결혼이 뭐가 좋다고 그래요. 엄마도 아빠가 때려서 집 나갔잖아요!' 아빠가 대번에 따귀를 올려붙이시더군요."

채린이 또 웃었다. 보는 사람을 애처롭게 하는 웃음이었다.

"그러고 보니 생각나네요. 그때 전 먹는 것으로 스트레스를 푸는 게 습관이 됐어요. 제 자신이 한심하다고 여겨지거나 외로울 때면 먹을 걸 입에 넣었죠. 그렇지 않으면 공부에 매달렸고요."

말을 마친 채린이 손등으로 눈물을 훔쳐냈다.

"자신이 한심하다는 생각은 사람들에게 환영받지 못해서였나요? 당시 자신을 어떻게 생각했어요?"

"누구에게도 환영받지 못했어요. 아무도 날 사랑해주지 않았죠. 제가 쓸모없는 사람이니까 다른 사람도 날 싫어했겠죠. 엄마도 절 버리고 집을 나가버렸으니까요!"

그것은 얼마나 깊은 고독이며, 얼마나 큰 아픔이었을까! '엄마도 날 버리고 난 아빠와 남았다. 엄마는 내가 죽든 말든 상관이 없나 보다.'

내가 잘못해서 날 버린 건가요?

채린의 입장에서 당시 자신을 버리지 않은 유일한 것은 음식이었다. 사랑받고 싶다는 갈망과 그것이 받아들여지지 않는 외로움 속에서 그녀는 이 모든 것을 함께 나눌 형제자매도, 친구도 없었다. 그녀에게 상처만 주는 아버지가 아이러니하게도 유일한 보호자였다. 그런 아버지를 모진 마음을 먹고 미워할 수도 없지만 다가갈 용기도 없었다.

채린에게 음식은 **그녀가 외롭지 않게 함께하는 존재였다. 그리고 먹을 것 외에 자신의 존재 가치를 증명할 수 있는, 그래서 이 세상에 살아갈 수 있게 한 것은 학업성적이었다.** 이 두 가지는 그 후로도 채린과 함께하며 자기부정과 난관을 극복하게 한 중요한 동반자였다.

"나는 사실 다른 사람들에게 집안 얘기를 잘 하지 않아요. 지금도 제 주변에는 집안 사정을 아는 사람이 없어요."

그녀가 주저하며 나를 바라보았다.

"말을 해놓고 보니 내가 채린 씨를 어떻게 볼까 걱정이 되는 거죠?"

채린은 잠시 머뭇거리더니 고개를 끄덕였다.

"그럼 나한테 직접 물어보면 되잖아요?"

내 말에 그녀는 자신의 손을 내려다보더니 고개를 들었다. 하지만 내 눈을 정면으로 마주 보지 못한다.

"이런 얘기를…… 듣고 나서 선생님은 저를 어떻게 생각하세요?"

"채린 씨가 **무척 애썼겠구나** 생각했어요. **정말 쉽지 않은 일이죠.**"

채린이 고개를 들어 나를 바라보았고, 나도 그녀를 마주 보았다. 동시에 두 사람의 눈가가 동시에 붉어지면서 눈물이 하염없이 흘러 내렸다.

건드릴 수 없는 금기

──── 자기 연민에 빠진 강인

강인과 첫 번째 상담을 한 후 나는 한 가지 제안을 했다. 다음에는 부인과 대화할 때 주로 겪는 어려움에 대해 이야기하자고 말이다(비록 그는 아무 어려움도 없다고 생각하겠지만). 그래서 나는 강인이 아내와 함께 와서 상담하기를 원했고 그의 의중을 떠봤다. 그는 상관없다는 듯이 어깨를 한 번 으쓱하더니 아내와 얘기해보겠다고 했다. 그리고 두 번째 상담 날이 되자 두 사람이 함께 방문했다.

남편은 없는 사람이나 마찬가지

"저는 늘 좌절감을 느껴요. 저 사람이 무슨 생각을 하는지 모르겠고, 저 사람도 내 생각을 모르니까요."

부부가 함께한 상담이 시작되자 강인의 아내인 영신은 다짜고짜 이 말부터 꺼냈다. 강인은 한마디도 하지 않고 소파의 한쪽 가장자리에 앉아 다리를 꼬고 있었다. 그는 아내와 멀리 떨어진 자리에 앉아 고개를 돌려 창밖만 바라보았다.

"무슨 일이 있었기에 그런 생각이 들었는지 말해줄 수 있어요?"

나는 영신을 격려하며 물었다. 이 두 사람이 적극적으로 입을 열어야 그들의 관계와 그간의 사정을 알 수 있었다.

"내가 가장 힘이 빠졌던 일부터 애기할게요. 남편이 바쁜 일로 늦게까지 야근하는 건 알아요. 평일 늦게 퇴근하면 쉬어야 하니 가족과 함께할 시간이 없는 것도 다 이해해요. 그래도 주말에는 저와 아이 모두 아빠와 외출하는 걸 기대하지만, 남편은 잠만 자는 거예요. 주말이니 아이 데리고 놀러 가자고 하면 '알았어. 조금만 더 있다가'라고 대답해요. 여러 번 말하면 화를 내며 입을 다물어버리죠. 일이 바빠서 그럴 시간도 없겠다는 생각은 해요. 그래서 내가 나서서 계획을 짜죠. 다른 가족들과 모임을 주선해서 다 준비해놔도 저 사람은 갈 생각이 없나 봐요. 저 사람과 결혼한 후 타이베이를 떠나 신주로 옮겨 왔어요. 얼마 후 아이를 낳았지만 가족이나 친구가 아무도 없는 상황에서 혼자 아기를 돌봐야 했죠. 저 사람은 같은 공간에 있으면서도 없는 것과 같았어요."

오랫동안 자신의 말을 들어줄 사람이 없었는지 영신은 자신의 두려움과 억울한 심정을 한참 동안 털어놓았다. 아는 사람 하나 없는 낯선 곳에서 느꼈던 외로움, 독박 육아에 시달리며 느낀 억울함, 그리고 결혼 생활과 남편에 대해 느낀 상실감 등을 하소연했다.

"그러니까 아내분은 남편의 직장 일이 힘든 건 이해하시는군요. 다만 낯선 환경에서 적응해야 하는 어려움과 힘든 육아에 지쳐 누군가의 지지를 필요로 한 거죠. 그래서 남편분이 좀 더 다가와 힘이 되어주고 함께한다는 느낌을 원해요. 그러면 아내분이 외롭지 않고 잘 버틸 수 있을 텐데요. 안 그래요?"

나의 말에 영신이 자기 심정을 알아준다는 표정으로 고개를 끄덕였다. 강인은 나를 힐끗 보더니 다시 창 쪽으로 고개를 돌린다. 그 모습이 마치 옆 테이블에 앉은 다른 손님 같다.

우리는 그의 세계 밖에 있다

"아내분의 말을 듣고 무슨 생각이 들었어요? 남편분은 아내를 이해할 수 있다고 생각하시나요?"

강인이 꿈에서 깬 듯한 얼굴로 날 바라봤다.

"저런 소리는 늘 듣고 사는걸요."

"늘 듣는다고? 당신이 이해하려고나 했어? 내가 얼마나 좌절하는지 알고는 있냐고!"

남편의 냉담한 반응에 영신이 폭발했다. 강인의 한마디는 아내의 아픈 곳을 후벼 파는 말이었다. 아내의 입장에서는 자신이 늘 불만만 터뜨린 사람이 되어버린 기분일 것이다.

나는 강인이 자신의 세계 안에 틀어박혀 다른 사람의 접근을 거부한다는 느낌을 받았다. 혹시 우리의 어떤 행동이 그를 불안케 하거나 위험에 빠뜨린 건 아닐까? 그래서 자신을 보호하려는 행동을 우선 보이는 걸까? 그는 뭘 두려워하는 걸까? 자신을 보호하기 위해 건드려서는 안 될 무엇이 있다는 말인가?

"강인 씨는 그런 말을 자주 듣는다고 했는데, 두 분이 다른 사람 앞에서 이런 얘길 나누는 건 아마도 처음이겠죠? 이런 상황에서 그런 말을 들으니 기분이 어때요?"

강인이 기나긴 한숨을 토해냈다.

"무슨 말인지 도통 모르겠네요."

어떤 경우라도 포기하지 않는 것이 상담심리사가 갖춰야 할 강인한 심리적 특징이다.

"그래서 뭘 느꼈죠? 무슨 말인지 도통 모르겠다는 느낌인가요?"

영신이 뭔가 말을 하고 싶어 했지만 나는 눈빛과 손짓으로 잠시 그대로 있어줄 것을 요청했다. 잠시 침묵의 시간이 흐른 뒤 강인이 입을 열었다.

"나도 양보를 많이 했다고 생각해요. 아내가 그걸 몰라줄 뿐이죠"

"강인 씨도 노력은 했는데 아내분이 그 마음을 받아주지 않을 때는 좌절감을 느꼈다는 말인가요?"

강인이 다시 한숨을 크게 내쉬었다.

"그것도 이젠 습관이 되었죠"

자신의 배우자를 단 일 초 만에 격노하게 하는 데는 강인을 당해낼 사람이 없을 것이다. 그의 말이 끝나기 무섭게 영신이 발끈했다.

"뭐가 습관이 돼? 그러니까 당신은 열심히 했는데 내가 몰라줘서 엄청 억울하단 말이군!"

그 순간 내가 끼어들었다.

"남편분의 말은 사실 아내분의 기분을 다 알고 있었고, 나름의 방식으로 도와줬다는 뜻이군요. 그런데 그걸 아내분께 전달하는 방법을 모른다는 거네요?"

내 말에 영신이 조용해졌다. 강인이 나를 바라보더니 천천히 고개를 끄덕였다.

당신, 심장은 있어?

"그런 얘기를 하지 않아서 아내분이 모른 건 아닐까요?"

강인이 날 힐끗 보더니 입을 다물어버린다.

"그렇다면 이 자리에서 말씀해보시는 건 어때요? 어떤 것을 봤으며, 어떤 방식으로 아내분을 도와줬는지를 말이죠."

영신이 갑자기 끼어들었다.

"열심히 일해서 가족을 먹여 살렸다는 말은 하지 마! 그건 나도 부인하지 않으니까. 난 당신에게 **과연 심장이 있는지** 묻고 싶어."

심장이 있느냐는 말이 강인의 아픈 곳을 건드린 듯했다. 그는 한참 말을 안 하고 있다가 깊은 숨을 들이마셨다. 그러고는 마침내 그가 입을 열었다.

"내게 심장이 없었으면 당신이 그렇게 돈을 펑펑 쓰는 걸 두고 보지 않았겠지. 심장이 없다면 당신이 숨겨놓은 술병을 보고 모른 체하지도 않았을 거야. 심장이 없다면 이혼만은 피하고 싶어서 집에 돌아와 당신의 취한 모습을 보는 대신 회사에서 시간을 보내지도 않았겠지."

그야말로 마른하늘에 날벼락이 내려치는 소리였다. 영신과 나는 놀라서 강인을 바라보았다. 나보다는 영신이 더 놀란 것 같았다.

"그러니까…… 그러니까 당신은 다 알고 있었던 거야?"

"우리 엄마처럼 당신도 알코올의존증이란 걸 알고 있었느냐고? 그래, 다 알고 있었어. 이번에는 내가 물어볼게. 당신이 나라면 어떻게 했을 것 같아? 우리 부모님이 그랬던 것처럼 집안 시끄럽게 한바탕 난리를 쳤을까? 아니면 그냥 이혼을 선택했을까? 로하는 또 어떻게 하고?"

로하는 그들의 세 살배기 아들이었다. 강인은 '내가 모를 줄 알았느냐'는 표정으로 소파에 다시 몸을 뉘어버렸다. 나는 그의 말에서 얻은 정보를 종합하여 퍼즐을 맞춰보았다. 그는 어릴 때부터 어머니가 술을 마시는 모습을 보고 자랐다. 처음에는 숨어서 술을 마시던 어머니는 점차 대담해져서 나중에는 대놓고 마셔댔다. 술을 마신 어머니는 강인과 형제들을 학교나 유치원에서 데려오는 일도 잊기 일쑤였다. 밥도 해주지 않았을뿐더러 집은 점점 엉망으로 변했다.

외지에 나가 일을 하던 강인의 아버지는 보름에 한 번 정도 집에 돌아왔다. 그 외의 날들은 집안의 장남인 강인이 어머니와 형제들을 보살펴야 했다. 어린 그에게는 너무나 고통스러운 나날이었다. 어쩌다 휴가를 내고 집에 온 아버지는 어머니의 꼴을 보고 대판 싸움을 벌였다. 그러고 난 후에 아버지는 당분간 집에 오지 않았다. 강인은 혼자서 그런 엄마의 모습을 대하는 게 괴로운 것인지 아니면 부부 싸움 끝에 돌아오지 않는 아버지 때문에 괴로운 것인지 분간이 가지 않을 정도였다. **누군가 가정을 버리면 남은 사람은 가정을 지켜야 한다.** 강인은 가정을 지키기 위해 남은 사람이 되었다.

"누군가를 사랑한다면 상대에게 피해를 주지 않고 할 일을 하는 거라고 생각해요"

유감이 가득한 표정으로 강인은 힘주어 이렇게 말했다. 그의 말에 영신의 화가 폭발했다.

"그러니까 당신 말은 내가 가정을 돌보지 않고, 마땅히 해야 할 일을 하지 않았다는 거군. 내가 술만 마시고 당신 엄마처럼 가족을 내버려뒀다는 말이네? 당신에게 행복한 가정을 선사하기 위해 내가 얼마나 애썼는지 알기나 해? 날 인정해주지는 않고 왜 매번 내 행동에서 당신 엄마를 연상하느냐고! 내가 왜 술을 찾는지 알고나 있어? 당신을 가정으로 돌아오게 하려고 얼마나 애를 썼는데, 당신은 그것도 몰라?"

영신이 눈물을 삼키며 하는 말을 듣고 있자니 내 눈가에도 눈물이 맺혔다.

영신의 음주는 닭이 먼저냐 달걀이 먼저냐의 문제 같다. 힘든 집안일과 육아로 지치고, 도움을 줄 사람도 없는 상황에서 남편마저 직장 일로 바쁘다. 그녀는 남편의 걱정을 덜어주기 위해 혼자서 모든 것을 소화해내려고 했다. 그러나 남편의 부재로 발생한 스트레스를 혼자서 감당할 수 없었던 영신은 술의 힘을 빌려야 했다. 아내의 음주 모습을 본 강인은 과거의 안 좋은 기억이 되살아나고 모든 것에 환멸을 느껴 그녀를 피하려고만 한다. 강인과 점점 멀어지는 영신은 무력감이 더욱 깊어지고, 외로울 때면 더욱 술에 의존하며 위안을 얻었다. 그녀의 하소연은 괴로운 과거에 짓눌린 강인의 마음을 움직이지 못했다.

마치 자신은 할 말을 다 했다는 듯이 강인의 다문 입은 영신과 내가 무슨 말을 해도 열리지 않았다. 너무 힘든 고통이나 피하고 싶은 사건에 직면하면 강인은 그 감정을 처리하는 방법을 몰랐다. 그래서 과거 습관처럼 그랬듯, 자기만의 견고한 성을 쌓고 그 안에 자신을 가둔 후 아무도 들어오지 못하게 한 것이다. 이번에도 그는 우리 앞에서 그 육중한 문을 꽁꽁 닫아걸었다. 과연 누가 그 문을 열 수 있을까?

나 때문에 떠나셨나요?

상담실을 찾은 지민은 전에 없던 캐주얼 차림이다. 스포티한 복장에 야구 모자와 안경을 쓰고 화장기 없는 얼굴로 나타났다. 내가 아는 지민은 쓰레기를 버리러 나갈 때조차 풀 메이크업에 네일아트를 갖출 정도로 외모에 신경 쓰는 사람이다. 아무리 피곤해도 긴장을 늦추지 않고 언제 어디서나 완벽한 차림을 유지하며, 흐트러진 모습을 조금도 보여주지 않던 그녀다. 그런데 오늘은 무장해제를 당한 듯한 모습으로 나타났으니 의외라는 생각이 들었다.

"안녕하세요! 그렇게 입으니 대학생 같네요."

타고난 미모에 관리도 잘하는 지민은 아무리 봐도 두 아이의 엄마로는 보이지 않을 정도로 동안이다.

"호호. 요즘 너무 피곤해서 앞으론 편하게 살려고요."

선글라스만 벗은 지민이 습관적으로 모자챙을 누르며 응수했다.

"그렇게 피곤한 일이 뭐가 있었을까요?"

지민이 자신의 손가락을 바라보았다. 늘 그렇듯이 정갈하게 다듬은 손톱에 옅은 색 매니큐어를 바른 완벽한 모습이었다.

"그동안 엄마 얘기만 하고 아빠 얘기는 하지 않은 것 같아요. 아빠와는 십수 년간 연락도 하지 않고 지냈어요."

지민은 나와 상담을 몇 차례 진행하고는 나중에 일이 바빠졌다면서 상담을 두 번 정도 연기했었다. 상담 내용을 돌아보니 그동안 자신의 생활에 대해 얘기하면서 어머니 이야기도 했다. 그녀의 어머니는 상당히 엄격한 분이었다. 어릴 때부터 어머니의 기준에 못 미치면 호되게 야단을 맞거나 매를 맞는 일이 다반사였다.

"이렇게 간단한 것도 못 하니? 이렇게 내팽개치면 누가 도와줄 거라고 생각해? 어떻게 일을 이따위로 하니? 정말 돌머리 아니니?"

지민의 어머니는 지나치게 엄격했다. 아주 디테일한 행동부터 학교 공부까지 어머니의 기준에 들어야 했다. 어머니는 어린 딸을 다 큰 어른 대하듯 혹독한 기준으로 훈련시켰다.

어른도 하기 힘든 일을 지민은 완벽하게 해내야 했다. 이런 압박 속에서 살아온 그녀는 자신에게 엄격한 성격을 형성하게 됐다.

쓸모없는 사람은 살아갈 자격이 없다

'쓸모없는 사람은 이 세상에 살아갈 자격이 없다'는 것이 어머니의 지론이었다. 지민은 어머니의 뜻을 따르면서 그녀가 정해준 목표에 도달하기 위해 애썼다.

완벽주의자인 지민의 어머니는 자기 회사를 경영하다가 지민을 돌보기 위해 회사를 접고 정해진 시간에 출퇴근하는 무역 회사로 옮겼다. 직장 일로 아무리 바빠도 그녀는 늘 지민의 아침밥과 저녁밥을 챙겼고, 딸의 도시락을 쌌으며, 학교에 데려다주고 숙제를 도와주었다. 직장 일이 아무리 바빠도 자신에게 집안일을 시키지 않는 어머니를 보면서 지민은 **열심히 노력해서 어머니의 사랑과 기대에 보답해야겠다고 다짐했다.**

"하지만 그때 당시에 남몰래 생각해봤어요. 내가 부족해서 엄마 기준에 미치지 못하면 얼마나 상심하실까? 실망한 엄마가 날 버리면 어쩌지?"

이런 생각은 일찍이 어린 지민의 머릿속에도 맴돌았지만 서둘러 떨쳐버렸다. 그러고는 마치 **순교자처럼** 어머니의 모든 기대에 부응하여 그녀의 완벽한 삶에 보탬이 되고자 했다.

난 원래부터 중요하지 않은 존재였어

"어머니에 관한 얘기는 많이 들은 것 같은데, 아버지는 어떤 분이셨나요?"

지민이 이야기를 계속하자 내가 중간에 끼어들어 이렇게 말했다. 잠시 묵묵히 있던 그녀가 입을 열었다.

"초등학교 다닐 때부터 아빠와 함께 살지 않았어요. 십수 년 만에 겨우 연락이 닿았는걸요."

그랬던 그녀가 오늘은 아버지 얘기를 먼저 꺼냈다. 나는 격려하는 눈빛으로 그녀가 얘기를 계속하기를 바랐다.

"아빠와는 오랫동안 연락을 끊었어요. 어릴 때부터 한집에 살지 않았거든요. 처음엔 다른 도시에서 근무하시는 줄 알았어요. 그런데 그 후로도 계속해서 연락이 없었어요."

지민이 입술을 깨물었다.

"그때 어른들이 아빠가 큰 빚을 지고 잠적했다고 말하는 걸 들었죠. 시간이 꽤 흐르고 제가 대학에 들어간 후에 아빠로부터 연락이 왔어요. 하지만 얼마 지나지 않아 다시 잠적해버렸죠. 이번에는 무슨 일인지 엄마까지 연루되어서 저축한 돈을 다 내주는 것도 모자라 수억의 빚까지 지게 되었죠. 엄마는 매우 큰 충격을 받고 그때부터 우울증을 앓았어요. 그때까지만 해도 외국 유학을 준비하고 있었는데 집안 형편이 그렇게 되니 어쩔 수 없었어요. 장학금을 받을 기회도 포기할 수밖에 없었어요. 결국 대학을 졸업하자마자 취업 전선에 뛰어들어 가족을 부양하고 빚을 갚아야 했죠. 그때 진 엄마의 빚은 지금도 함께 갚고 있어요."

지민은 아무 가식 없이 솔직하게 말했다. 조금의 감정 기복도 없는 것이 마치 남의 얘기를 하는 것 같았다. 그런 일을 당한 그녀의 세월이 얼마나 힘들었을지 감히 상상할 수도 없었다.

"그런데 아빠가 연락을 해온 거예요. 남편한테 말이에요. 딸이 결혼해서 잘 지내는지 궁금해서 전화했다고 했대요. 하지만 몇 마디 나누기도 전에 남편한테 돈을 송금해줄 수 있느냐고 묻더래요. 남편은 확답을 하지 않고 집에 오자마자 저한테 그 얘기를 해줬어요."

여기까지 말한 지민이 갑자기 웃음을 터뜨렸다.

"그동안 아빠가 이기주의자라는 생각은 하지 않았어요. 딸과 지낸 시간도 별로 없어서 특별한 애정이 없을 테니 궁금하지도 않겠다고 짐작했죠. 부모가 자기 자식을 예뻐해야 하고 자식도 반드시 부모를 좋아해야 한다는 규정이 없어서 그나마 다행이에요. 어차피 정이 그렇게 깊지 않으니 상투적인 안부 인사나 하며 데면데면 지내는 것도 괜찮다고 생각했죠. 억지로 인연을 이어갈 필요는 없으니까요."

지민이 몸을 등받이에 기댔다.

"하지만 그렇게 오랫동안 소식 없이 지내다가 갑자기 사위에게 딸이 그리운 듯이 전화해서는 다짜고짜 돈을 요구한 거예요. 그런 행동을 할 수 있는 걸 보면 정말 얼굴이 두꺼운 분이에요. 아빠는 자신의 행동이 딸의 결혼 생활에 어떤 부정적 영향을 미칠지 안중에도 없나 봐요. 남편이 날 어떻게 볼 것이며, 그이 앞에서 내 체면은 또 뭐가 되죠?"

지민의 말에 나는 한마디도 할 수 없었다. 자신이 아버지에게 전혀 중요한 존재가 아니라는 사실을 발견한 딸이라니. 아버지가 딸을 찾은 건 순전히 자신의 필요에 의한 것이었다. 자신의 필요를 충족하기 위해 자식의 삶 따위는 상관하지 않는 사람이다. 이 얼마나 통탄할 일인가!

제가 많이 부족했나요?

"남편으로부터 그런 얘길 들었을 때 지민 씨는 어떤 반응을 보였어요?"

"제 반응이요? 당장 아빠에게 전화해서 한바탕 퍼부었죠."

여기까지 말한 지민이 잠시 말을 멈췄다.

"생각해보니 우습네요. 제가 전화로 갑자기 울며불며 퍼붓는 모습에 남편이 놀라서 옆에 딱 붙어 앉더라고요. 아빠와 통화하는 내내 머리를 쓰다듬으며 위로해줬어요. 제가 울음을 터트린 것도 의외였죠."

지민이 다시 웃음을 지었다. 아주 재미있는 이야기라도 하고 있는 것 같다.

"사실 십수 년 동안 연락이 없던 아빠에게 전화를 걸어 난리를 쳤다는 게 오늘 선생님을 찾은 이유는 아니에요."

"다른 특별한 게 있나요?"

"아빠에게 '내가 잘 못 해서 딸인 절 두고 떠나셨어요?' 하고 물었죠."

그녀의 말은 큰 충격으로 다가왔고, 방 안 공기는 순식간에 얼어붙었다. 나와 지민은 그 말의 무게에 눌려서인지 한동안 숨을 제대로 쉬지 못했다.

엄마에게 실망을 안길 수 없었어

나는 심호흡을 하고 나서 천천히 말했다.

"지민 씨에게 그 말의 의미는 뭘까요?"

그녀가 한숨을 깊게 토해냈다.

"내가 그런 말을 했다는 게 의외였어요. 이때껏 아빠를 특별하게 생각하지는 않았어요. 그냥 아빠가 책임감이 없어서 엄마를 고생시

컸다는 정도였죠. 하지만 그것 때문에 속상하지도, 그렇다고 그리운 것도 아니었어요. 간단히 말해 아빠에 대해 아무 감정이 없었어요. 제 삶에 아빠는 있어도 그만, 없어도 그만인 존재였어요. 딱히 아빠가 필요하지도 않았고요. 그동안 내가 그렇게 애쓴 것은 생활이 그렇게 만들어서라고 생각했어요. 엄마는 노력을 강요하셨고, 엄마 뜻대로 내가 움직여주기를 원했어요. 아빠가 엄마 속을 그렇게 썩였으니 나라도 잘하자는 생각이었죠. 엄마는 나를 위해 운영하던 회사도 접고 자기 미래도 포기했어요. 그래서 엄마를 실망시키지 않으려고 엄마 기준에 맞춰 그렇게 애를 쓴 거였어요."

"엄마를 실망시키지 않는 것이 지민 씨의 인생 목표가 되었나요?"

"그런 셈이죠. **나만의 특별한 목표**라고나 할까요?"

내 질문에 지민이 찡긋하며 대답했다.

"제 내면에는 거의 본능적으로 열심히 살아야겠다는 생각이 있어요. 그건 이때부터 설정한 공식이자, 이 세상을 살아가는 데 가장 중요한 요소였죠."

"그걸 해내지 못하면 어떻게 되죠?"

"그럼 뭐 **쓸모없는 인생**이 되는 거죠."

지민이 자학하는 웃음을 지었다.

"하지만 나중에야 알게 된 사실이 있어요. 이런 인생 목표를 갖는데 엄마의 다그침 외에 아빠도 한몫했더군요."

"아버지께 한바탕 퍼부었다는 말을 들으니 그동안 아버지의 부재를 지민 씨 탓이라고 생각했다는 말 같네요."

"솔직히 말해서 인정하고 싶지 않아요. 아빠가 내게 그토록 큰 영향을 미쳤으며, 또 영향을 미칠 수 있다는 사실을 인정하기 싫어요. 나 자신이 얼마나 나약한 존재였으면 그동안 줄곧 부재한 분의 영향을 그렇게 받았을까요? 정말 뜻밖이에요."

지민은 최대한 담담해지려고 노력하는 중이었다. 최소한 자신이 아버지의 부재에 그토록 연연했다는 사실을 이성적으로 바라보기 위해 애쓰면서도 그 사실이 너무나 뜻밖이라서 충격을 소화하는 중이었다.

"아버지가 지민 씨를 사랑하는지 알고 싶었던 게 아닐까요? 아니, 아버지의 사랑이 부족하다는 걸 늘 염두에 둔 건지도 모르죠"

지민이 고개를 들고 위쪽을 쳐다본다.

"제발 그만하세요. 이런 일까지 신경 쓰고 어떻게 살아요?"

그녀는 웃으면서 말했지만 눈물 한 방울이 뺨으로 흘러내리고 있었다. 그녀는 내가 모르는 척하길 원했고, 그녀의 마음을 읽은 나는 말없이 그녀의 슬픔을 함께했다.

삼킬 수 없는 고통

그래서 제가 버림받은 거죠?

―――― 자기 탓만 하는 효민

효민이 불안한 자세로 앉아 있다. 오른손으로 왼손 손등을 연신 비벼댄다. 지난 몇 차례의 상담으로 우리는 이 상담을 하게 된 이유와 얻고자 하는 목표에 대해 얘기를 나눴다. 효민은 이를 계기로 그동안 목적 없이 살아온 자신의 삶을 정상 궤도로 돌려놓기를 원했다. 그녀의 표현을 그대로 빌리자면 '더는 쓰레기처럼 살기 싫다'. 상담을 통해 그녀는 내 말에 거의 동의한 것으로 보인다.

지금의 효민은 지난날 과도한 노력과 자신에게 지나치게 엄격한 요구로 긴장의 끈을 놓쳐버린 상태다. 모든 '포기'는 사실 자신이 제대로 해내지 못할까 하는 두려움과, 형편없는 결과를 내놓는 건 아 닐까 하는 걱정에 반응하는 '반격장치'다. 그러나 스스로 엄격한 기 준을 요구하는 데 습관이 된 효민에게는 한 번에 모든 것을 바꾸는 것보다 단계적으로 조금씩 정상 궤도로 돌아가는 방법이 좋다.

그래서 나는 한 가지 제안을 했다. 가능한 한 매일 산책과 걷기를 하고 이를 생활화해달라고 말이다. 이런 제안을 한 후 효민은 상담 을 세 차례나 연기했다. 갑자기 상담 약속을 잊었다거나 시간을 잘 못 알았다는 핑계를 대면서 말이다. 이런 상황은 **전문가의 권위와 효민의 관계가 반복되는 패턴**에 빠질 수 있음을 의미한다. 나의 권 위로써 효민에게 기준을 제시했고, 그것에 도달할 때 효민은 권위의 기준에 부합했다는 믿음을 갖게 된다. 자신이 그걸 해냈다며 일시적 으로 마음을 놓을 것이며, 제대로 해내지 못해서 주변 사람을 실망 시킬 거라는 초조함에서 조금은 벗어날 수 있다. 그러나 상대방의 기준을 충족할 수 없을 때, 효민은 스스로 그 결과를 상상하다가 제 풀에 나가떨어질 것이다. 상대가 크게 실망했을 거라는 생각에 자신 은 형편없는 존재라며 자괴감에 빠진다.

결국 권위적 존재와 대면하고 그 후 벌어질 일들이 두려웠던 효 민은 자신만의 피난처로 몸을 숨겨버렸다. 혹은 정말로 무슨 일이 생겨서 단순히 집 밖으로 나가 산책하라는 나의 제안을 지키지 못 했을 수도 있다. 그래서 이를 지키지 못했다는 수치심에 사로잡혀 자기혐오의 무력감에 빠져버렸을지도 모른다. 그런 상황에서도 나는 그녀와 꾸준히 연락하면서 상담 일정을 변경하고 기다렸다. 그리고 마침내 그녀가 상담실에 모습을 드러냈다.

이런 나에게 실망한 건 아니죠?

상담실에 앉은 효민은 불안해 보였다.

"여기 앉아 있으면 긴장되나 봐요? 항상 손을 문지르는 것 같아서요."

나는 목소리 톤에 유의하며 천천히 말을 꺼냈다.

"음…… 조금은요."

그녀는 뻘쭘한 얼굴로 내게 미소를 지었다.

"오랜만에 만나서 긴장한 건가요? 아니면 상담을 몇 번 연기한 일로 미안해서 그런가요? 그것도 아니라면 다른 이유라도 있나요?"

효민이 나를 바라봤다. 이렇게 단도직입적인 질문은 예상치 못했다는 표정이다.

"죄송해서 그렇죠."

효민이 미안하다는 표정으로 웃는다

"몇 차례 상담을 연기하다 보니 내 반응이 걱정되었군요?"

그녀는 천천히 고개를 끄덕였다. 내 쪽으로 얼굴을 돌리지도 못한 채였다. 그녀를 똑바로 쳐다보며 진지하게 말했다.

"그렇다면 내가 효민 씨에 대해 어떻게 생각하는지 직접 물어보지 그래요?"

그녀가 놀랐는지 고개를 들어 나의 정색한 얼굴을 마주 바라봤다. 우리는 한동안 아무 말 없이 서로를 바라보기만 했다. 마침내 효민이 침묵을 깨고 입을 열었다.

"선생님은…… 어떻게 생각하세요?" (*'이런 내가 나쁘다고 생각한 건 아닌가요? 내게 실망하셨나요?'*)

"효민 씨에게 무슨 일이 생긴 건 아닌지 걱정했어요. 만나서 무슨 일인지 함께 얘기를 나누고 싶었죠."

나는 미소를 지으며 그녀를 바라보았다.

"사실 효민 씨가 내 생각을 그렇게까지 의식했다면 이렇게 다시 찾아오는 게 쉽진 않았겠죠. 오늘 이렇게 와줘서 정말 고마워요."

효민이 고개를 숙였다. 몸의 움직임을 보니 긴장이 약간은 풀린 듯했다. 그녀는 티슈 한 장을 뽑아 눈가를 닦았다. 그녀가 상담에 임할 준비를 마칠 때까지 나는 말없이 기다렸다.

외할머니의 임종을 못 지켰어요

"고맙습니다. 외할머니 말고는 제가 잘못했을 때 꾸지람을 안 듣고 지나간 기억이 없어서요.

"외할머니요? 그동안 외할머니 얘기는 한 번도 하지 않았던 것 같네요."

"외할머니는 제가 직장에 들어가고 얼마 안 되어 돌아가셨어요. 당시 직장 일로 몹시 바빠서 근무시간에는 휴대폰을 확인하지 못했어요. 외할머니는 암으로 꽤 오랫동안 병석에 누워계셨어요. 한동안 병세가 호전되어서 병원에서 퇴원하셨는데 그렇게 빨리 돌아가실 줄은 몰랐죠.”

효민은 무의식적으로 손에 든 티슈를 가는 띠 모양으로 접었다.

“그날 외부에서 고객을 만나느라 종일 핸드폰을 볼 틈이 없었어요. 회의가 끝난 후 보니 부재중 전화 수십 통과 메시지가 와 있더군요. 급히 병원으로 달려갔지만 할머니는 이미 세상을 떠난 후였어요. 할머니의 임종을 지키지 못한 거죠.”

그러고는 접었던 티슈를 폈다가 다시 접었다. 마치 이런 동작으로 그런 일을 말하는 자신의 심정을 정리할 수 있다는 듯이 말이다.

“이모가 그러는데, 할머니는 돌아가시기 전까지 계속 제 이름을 부르며 절 찾았대요.”

효민은 뭔가를 견디려는 듯이 몸을 움직이며 한 손으로 입을 가렸다. 당사자의 슬픔에 비하면 만분의 일에도 못 미치겠지만 나는 그녀의 심정을 느낄 수 있었다.

“할머니는 세상에서 저를 가장 사랑하셨어요. 절 키워주셨고요. 제가 무슨 행동을 해도 예뻐하셨죠.”

눈물이 흘러내렸지만 효민은 웃고 있었다. 외할머니는 그녀에게 무척 중요한 사람이다. 그녀는 외할머니와의 추억을 떠올리기 시작했다.

잊을 수 없는 그 표정

효민이 어릴 때 일이 바빴던 부모님은 둘째인 그녀를 외할머니 댁에 맡기고 주말마다 보러 오곤 했다. 그녀는 자라면서 언니와 남동생은 부모님과 함께 사는데 유독 자신만 떨어져 사는 것이 이상하다는 생각이 들었다. 어느 날 궁금증을 참다못해 할머니에게 그 이유를 물었다.

"네 아빠는 개원 의사인데다 엄마가 병원 일을 도와야 해서 바쁘단다. 네 동생은 아직 어려서 엄마가 돌봐야 하고, 네 언니는 꽤 컸으니 엄마 아빠의 손길이 별로 필요 없지. 게다가 언니는 집 근처 학교에 다니니까 아무래도 집이 편할 거야."

그러고는 외할머니가 갑자기 웃으며 어린 효민을 안아줬다.

"엄마랑 아빠가 너무 바빠서 널 제대로 돌보지 못할까 봐 할머니한테 부탁한 거란다. 할머니가 싫으냐? 할머닌 너 좋은데."

외할머니의 말에 효민은 뜨거운 것이 목 위로 올라오는 것을 느끼며 외할머니를 꼭 껴안았다.

"나도 할머니가 제일 좋은걸요. 할머니 곁을 떠나지 않을래요!"

효민은 부모가 곁에 없다는 사실에 '내겐 외할머니가 계시니까 괜찮다'며 애써 자신을 위로했다. 초등학교 3학년이 되자 부모님은 효민을 기숙사가 있는 사립학교에 보내기 위해 할머니 댁에서 데리고 나왔다.

하지만 외할머니와 떨어져 지내는 것이 힘들었던 효민은 수업을 몇 번이나 빼먹고 버스를 타고 외할머니 댁으로 달려갔다. 그리고 그때마다 부모의 손에 이끌려 눈물을 머금고 학교로 돌아가야 했다. 당시 외할머니가 문에 기대어 눈물을 글썽이며 배웅하던 모습이 그녀의 가슴속 깊이 박혀 있었다.

"할머니의 그 표정을 절대 잊지 못할 거예요."

효민은 입을 꾹 다물며 눈물을 참았다.

난 밖에서 데려온 아이일까?

기숙사에서 생활하던 효민은 주말이 되면 부모님과 언니, 남동생이 있는 집으로 돌아갔다. 그런데 집에 갈 때마다 자신이 마치 남의 식구처럼 느껴져서 기분이 묘했다.

"그때 겨우 초등학교 3학년이었는데도 그런 느낌이 강했어요. 분명히 **우리 집인데 내 자리가 없는 기분**이었죠."

효민이 낮은 소리로 말했다. 외할머니 댁에 숨어 있다가 부모님 손에 이끌려 몇 번이나 되돌아간 후로 다시는 외할머니와 함께 살수 없음을 받아들여야 했다. 그녀는 집으로 돌아온 후 그곳이 자신의 집이라는 사실을 의식하면서 가족의 일원이 되기 위해 열심히 노력해야 했다. 이 집에서 살려면 어머니가 정한 규칙과 아버지의 요구 사항을 지켜야 했다.

"할머니 댁에서는 정말 즐겁게 지냈어요. 아무도 나를 꾸짖거나 탓하지 않았거든요. 시골이라 이웃과도 다 알고 지내는 사이여서 자유롭게 뛰놀 수 있었죠. 동네 사람들도 절 귀여워했어요. 하지만 부모님 댁으로 돌아오자 언니와 남동생은 저를 자신들의 영역에 침범한 외부 사람으로 보는 것 같았어요. 그리고 집에서 지켜야 할 규칙도 많았죠. 밥 먹을 때는 식탁 예절을 지켜야 했고 옷 입는 것도 규칙이 있었어요. 일상생활은 말할 것도 없었고요. 엄마는 제가 그런 규칙을 지키지 않는다며 계속 꾸짖었어요. 절 바라보는 언니와 동생의 표정은 마치 어디서 데려온 아이를 보는 듯했죠."

효민이 빙그레 웃더니 이내 깊은 한숨을 토해냈다.

"집에서 생활하다 보니 새로운 것이 보이더군요. 언니는 아빠가 가장 아끼는 자식이었죠. 똑똑하고 예쁜데다 부모님 말도 잘 들었거든요. 학교는 늘 제1지망에 합격했고, 교외 대회에 나가 상을 타는 일도 다반사여서 집 안은 언니가 받은 상장과 트로피로 가득 차 더는 둘 곳이 없을 정도였어요. 언니에게 기대가 컸던 아버지는 언니도 의사가 되어 병원을 물려받기를 원했어요. 엄마가 가장 아끼는 자식은 남동생이었어요. 어릴 때 귀여움을 독차지하더니 자라면서도 모든 면에서 뛰어났죠. 초등학교 5학년 때 월반해서 중학교에 들어갔고, 언니처럼 모든 분야에 다재다능하지는 않았지만 공부만큼은 빠지지 않았죠. 그에 비해서 나는 이도 저도 아닌 어정쩡한 존재였어요. 언니처럼 다재다능하거나 예쁘지도 않았고, 남동생처럼 공부에 뛰어나지도 않았죠. 마치 덤으로 낳은 자식처럼 아무도 제게 관심을 주지 않았어요. 하긴 그것도 제가 너무 못난 탓이긴 해요."

효민이 자조적으로 말했다.

마음 한구석이 무너져 내렸다

"할머니 댁에서 지낼 때 얼마나 사치스러운 행복을 누렸는지 알수 있었죠. **할머니는 내가 무슨 짓을 해도 변함없이 아껴주셨어요.** 난 그런 할머니의 사랑을 느낄 수 있었죠"

조건 없는 사랑을 받다가 갑자기 약육강식의 환경에 던져졌으니 초등학생인 효민이 느끼는 압박감은 상상 이상으로 컸을 것이다. 그런데 그런 환경을 만든 장본인이 그녀가 늘 그리워하며 사랑을 갈구했던 부모였다.

"정말 필사적으로 노력했죠. 그런데 할머니가 돌아가셨다는 소식에 마음 한구석이 무너져 내렸어요. 어디선가 그렇게 열심히 일하는 게 과연 뭘 위해서이고 무슨 의미가 있느냐고 묻는 목소리가 들리는 것 같았어요. 처음에는 그 소리를 무시하고 더 열심히 노력했지만 더는 억누를 수가 없었어요. 결국 너무 지쳐버려서 직장에도 나갈 수가 없었죠"

여기까지 말하고는 갑자기 고개를 돌려 나를 바라보았다.

"제가 최근에 독립했다고 말씀드리지 않았던가요?"

효민의 갑작스러운 질문에 나는 조금 놀라서 고개를 끄덕였다.

"그 말을 들은 적이 있는 것 같네요. 그래서 지금 혼자 살아요?"

"직장을 그만둔 지 일 년이나 됐다는 말부터 드려야겠군요. 직장에 나가지 않고 온종일 집에만 있으니 석 달도 안 되어 아버지가 못 견뎌 하셨어요. 빈둥빈둥 지내는 모습을 더는 못 보겠다면서 방을 얻어줄 테니 집에서 나가라고 하시더군요. 나 같은 딸 하나 없는 셈 치겠다면서요. 그렇게 쫓겨난 후로 계속 혼자 살고 있어요."

효민이 쓴웃음을 지었다. 이런 말을 담담히 내뱉는 본인의 심정이 어떨지 그녀의 표정을 보면서도 말로는 도저히 형용할 수 없다. 내 표정이 심상치 않음을 느꼈는지 그녀가 오히려 날 위로했다.

"사실 그렇게까지 나쁘지 않아요. 생활비는 집에서 꼬박꼬박 보내주고 있으니 돈 걱정은 안 해도 되고, 혼자 지내니 자유로운 것도 있어요. 날 무시하는 식구들의 얼굴을 대할 필요도 없으니까요."

효민은 짐짓 가벼운 말투로 말했다.

"그래도 가족에게 그런 대접을 받아서 효민 씨 충격이 컸을 것 같아요. 게다가 외할머니가 돌아가셔서 가족의 위로가 더 절실한 시기였잖아요."

"처음에는 좀 서운했죠. 하지만 생각보다 지낼 만하더군요. **우리 가족은 원래 안 좋은 건 버리는 방식으로 살아왔거든요. 기준에 미달되는 건 결코 용납하지 않아요.**"

효민은 여전히 웃고 있었다.

웃지 않으면 울음이 터져 나올까 봐 겁나요

웃어야만 한다. 그렇지 않으면 울음이 터져 나올까 봐 겁이 난다.

울음을 터뜨리면 자신이 부족해서 버림받았다는 사실을 인정하는 셈이다. 그런 자신은 한없이 가엾고 불쌍하다. 그래서 웃을 수밖에 없었다. 웃어야만 조금이라도 견딜 수 있으니 말이다.

"가족들이 효민 씨를 그렇게 생각한다고 했는데 자신도 그렇게 생각하세요?"

"전 아무짝에도 쓸모없는 존재예요. 어른이 됐는데도 부모님께 돈을 받아 쓰고 있는걸요!"

효민은 부정적인 단어에 힘을 주며 말했다.

"외할머니께서 지금의 효민 씨를 보신다면 어떻게 생각하실까요?"

뜻밖의 질문에 그녀는 눈을 동그랗게 뜨고 나를 바라봤다.

"할머니도 제가 쓸모없다고 생각해서 이런 손녀를 둔 자신을 부끄러워하실 것 같아요."

"정말 그럴까요?"

내가 반문했다.

"이렇게 힘들어하는 효민 씨의 모습을 보면서 오히려 안쓰러워하지 않으실까요? 외할머니께는 효민 씨가 최고였고 가장 사랑스러운 아이였으니까요."

효민은 나를 물끄러미 바라보았다. 오랫동안 참았던 눈물이 소리 없이 흘러내렸다. 그녀의 인생에서 가장 소중한 보물을 되찾고 마침내 안도하는 눈물인지도 모른다.

'부모가 가장 아끼는 자녀가 아니더라도 여전히 사랑받고 존중받고 있다는 사실을 잊었나요? 외할머니 마음속엔 효민 씨가 최고이고 가장 사랑스러운 아이인걸요.'

괜찮은 줄 알았는데 아니었어

—— 영혼 없는 쇼핑중독녀, 진주

진주와 나는 상담실에 앉아 서로 바라보았다. 첫 번째와 두 번째 상담에서 자신이 직면한 문제와 가족과의 관계를 말해주던 그녀는 그 후 이어진 두 번의 상담에서는 수동적 태도로 일관했다. 나와 그녀 사이에 벽이 있어서 더는 다가갈 수 없는 느낌이었다. 그 벽을 돌아가는 방법을 생각해내는 것이 내게 주어진 중요한 미션이었다.

하지만 모든 것은 진주의 태도에 달려 있다. 때로는 벽을 쌓은 지 너무 오래되어 스스로 문을 열고 타인을 받아들이려고 해도 문이 어디 있는지 잊어버리는 경우도 있다. 진주가 그런 상황에 놓여 있을 수도 있다.

"그동안 어떻게 지냈어요?"

나는 미소를 띠며 물었다.

"특별히 달라진 건 없어요."

진주는 뻘쭘해하면서도 예의를 잃지 않은 미소로 대답했다.

"그럼 오늘은 어떤 얘기를 하고 싶어요?"

몇 번의 상담을 통해 파악한 진주의 성향으로 미뤄볼 때, 그녀는 내가 상담의 방향을 리드하는 걸 선호하는 것 같다. 전문적인 상담사가 이끄는 대로 상담에 임하다 보면 자신의 모든 문제를 해결하고 다른 사람의 기대에 부응하는 생활을 할 수 있다고 믿는 듯하다.

나는 내담자와 상담심리사의 권위 사이에 형성되는 뻔한 패턴에 빠져서는 안 된다고 다짐했다. 진주가 나를 찾아온 것은 결국 자기 삶의 주도권을 잡기 위해서가 아니겠는가! 그러므로 '**자신의 삶이 다른 사람을 만족시키는지**' 의식하는 태도를 버리고, 자기 인생의 진정한 상태가 '**자신을 행복하게 하고 만족감을 주는지**'를 주도적으로 사고하고 판단하는 방법을 배워야 한다. 이런 사고의 전환이 시작 단계에서 매우 중요하다.

"부모님은 나를 보면 짜증부터 내세요. 게다가 두 분이 자주 다투시니 집에 일찍 들어가기도 싫어요. 그래서 남자친구랑 밖에서 시간을 보내다가 부모님이 주무실 시간에 들어가곤 했어요. 하지만 늦은 시간까지 주무시지 않고 소파에서 졸고 계시다가 내가 들어가면 꼭 한마디 하세요."

진주가 갑자기 "휴우!" 한숨을 길게 내쉬었다. 틀림없이 오랫동안 참고 있다가 내뱉는 한숨일 테다.

"한숨이 길기도 하네요."

"이 나이가 되어서도 귀가가 늦다는 핀잔을 듣고 있으려니 너무 피곤하네요."

"이 모든 상황이 많이 싫은가 봐요?"

"정말 짜증 나요."

진주가 한마디 대꾸하고는 이내 텅 빈 눈빛으로 돌아갔다. 그녀의 공허함을 덜어줄 방법을 찾아야 했다.

"방금 짜증이 난다고 했는데 그건 좀 복잡한 감정이라서 완전히 이해하기 어렵네요. 좀 더 분명하게 말해줄 수 있을까요?"

자신의 감정에 익숙하지 않은 진주는 단순한 말로 그 감정을 내뱉는 경향이 있었다. 나는 진주가 그런 정서에 더 오래 머물면서 **자신에게 더 다가가고, 다른 사람의 눈에 비치는 자신의 모습이 아닌 진정한 자신을 인식할 수 있게** 기회를 주고 싶었다.

"부모님은…… 다른 사람을 통제하고 관리하는 것을 선호하는 경향이 있어요. 다른 사람의 '뒷담화'를 즐기면서 누가 어떤 잘못을 했다는 식으로 얘기하세요. 마치 본인은 모든 면에서 완벽하고 모든 걸 알고 있다는 듯이 행동하시죠. 하지만 실제로는 전혀 그렇지 않아요. 두 분은 이틀이 멀다고 부부 싸움을 벌이죠. 그렇게 완벽하고 대단하다는 분들이 본인의 감정 하나 제대로 추스르지 못하고 의사소통도 못 해서 툭하면 부부 싸움을 하느냐고요."

진주가 갑자기 많은 말을 쏟아냈다. 오랫동안 마음에 담아둔 말이었음이 분명하다.

"부모님의 잦은 다툼은 언제부터 시작됐죠?"

"제가 어릴 때부터였던 걸로 기억해요. 며칠 걸러 싸우는 것이 아니라 다투지 않는 날이 없었어요. 하루에도 여러 번 다퉜으니까요. 때로는 사소한 문제가 싸움의 발단이 되기도 했죠."

진주가 지겹다는 표정을 했다.

"싸움은 늘 그렇게 심각했나요? 아니면 지금은 좀 나아졌나요?"

"나아진 것 같지도 않아요. 지금도 늘 다투세요. 전처럼 고함지르고 과격하게 싸우는 상황은 좀 줄어들었지만요."

"고함지르고 과격하게 싸우는 상황이라는 게, 전에는 그랬다는 말인가요?"

진주가 눈을 거의 흰자만 보일 정도로 치켜떴다.

"맞아요. 어렸을 때 부모님은 가재도구를 집어 던지며 심하게 싸우셨죠. 아버지가 고함을 지르면 너무 무서웠는데 어머니도 만만치 않아서 날카로운 소리로 아버지께 대들었어요."

"진주 씨 기억으로는 몇 살 때부터였어요?"

"아주 어렸을 때부터 줄곧 그랬어요. 학교에 다니기도 전이었어요."

어린 나이에 부모가 심하게 싸우는 모습을 대하는 것은 끔찍한 경험이다.

"두 분이 싸울 때 진주 씨는 어떻게 했어요?"

"그냥 방 안에 틀어박혀 헤드폰 같은 걸 쓰고 못 들은 척했어요."

"그건 좀 자랐을 때 생각해낸 자신을 보호하기 위한 대응 방법이었겠군요?"

진주가 고개를 끄덕였다.

"좀 더 어렸을 때 이런 상황에 어떻게 반응했는지 기억할 수 있을까요?"

진주는 멍하니 나를 쳐다보더니 겸연쩍게 웃었다.

"모르겠어요. 기억이 안 나요."

무감각해질 수 있는 벽을 쌓았다

그 당시 부모의 다툼은 진주에게는 끔찍한 일이었고, 그녀가 대응할 수 있는 가장 단순한 방법은 '해리'였다. 쉽게 말해 자신이 무감각해질 수 있는 벽을 쌓고 '내면의 자아'와 '육체적 자아'를 분리한 것이다. **육체적 자아는 현장에서 모든 것을 감수해야 하지만 최소한 무감각해지는 방법으로 좌절과 고통, 죄책감, 수치심 같은 감정으로부터 내면의 자아를 보호할 수 있었다.**

그런데 '내면의 자아'를 닫아버리면 이를 보호할 수는 있지만 다가갈 수도 없게 된다. 따라서 내면의 자아에 다가갈 방법을 생각해야 했다. 나는 상담실의 가구와 인형을 보면서 한 아이디어를 떠올렸다.

"내게 어린 시절의 진주 씨를 소개해줄 수 있어요?"

그녀는 잠시 주저하다가 고개를 끄덕였으나 어떻게 소개해야 하는지 방법을 모르겠다는 표정을 지었다.

"여기 있는 인형 중에서 진주 씨의 어린 시절이 연상되는 것을 골라 이름을 지어줄까요?"

진주가 잠시 머뭇거리며 인형이 진열된 곳을 돌아보다가 그중 하나를 골랐다. 부드럽고 귀여운 강아지 인형이었다.

"이름을 뭐라고 지었어요?"

"순둥이라고 지었어요. 저의 어릴 때 아명이었거든요."

진주가 수줍게 웃었다. 그 인형을 들고 있으니 그녀의 마음이 좀 누그러진 듯하다.

"이제 순둥이를 나한테 인사시켜줄래요?"

"사실 순둥이는 어릴 때 그렇게 순하지는 않았어요. 때로는 장난꾸러기여서 오빠와도 자주 다투는 아이였죠."

진주는 줄곧 강아지 인형의 머리를 쓰다듬었는데, 마치 자신을 위로하는 듯한 모습이었다.

"하지만 아빠 엄마가 싸우고 나서 엄마가 홀로 방에 틀어박혀 눈물을 흘릴 때면 순둥이는 늘 엄마 곁을 지켰어요. 엄마의 넋두리를 들어주기도 했죠. 그래서 엄마가 순둥이라고 불렀답니다."

"순둥이는 무척 활기차고 사람들의 마음을 잘 알아주는 아이 같네요. 엄마가 우는 게 걱정되어서 그런 것 같은데요."

"맞아요. 순둥이는 부모님이 다투는 걸 두려워하죠. 정말 무섭기 때문이에요. 한번은 너무 무서워서 울면서 오빠에게 달려갔어요. 그런데 오빠는 순둥이가 너무 겁이 많다고 놀리기만 했어요."

"저런! 순둥이가 너무 속상했겠어요."

자신의 기분을 이해받지 못하고 나약하다고 조롱을 받았으니, 그 상처가 얼마나 컸을지 상상조차 하기 힘들다. 하지만 그 당시 오빠도 아직 어려서 부모님이 다툴 때 그 두려움에 대처하는 방법을 몰랐을 수도 있다. 그래서 **경멸과 조롱, 무관심으로 일관한 것도 사실 오빠의 해리 반응 중 하나였다.** 자신이 이해할 수 없는 끔찍한 상황에 놓인 아이는 살아남기 위해 다양한 방법으로 상황에 적응한다.

어느새 내 눈시울이 젖어 있었다.

슬픔은 내게서 떠난 적이 없었어요

"엄마 아빠가 싸우면 너무 슬펐어요. 하지만 나는 아무것도 할 수 없어서 이불 속에 숨어 눈물만 흘렸죠."

진주가 순둥이의 머리를 쓰다듬으며 눈물을 흘렸다.

"나중에는 울음도 나오지 않더라고요. 그냥 그러려니 하며 넘겼죠."

그러려니 하게 된 것도 있지만, 자신이 어떻게 할 수 없는 상황에서는 그럴 수밖에 없었을 것이다. 아무리 울어도 자신에게 관심을 주는 사람은 아무도 없었고, 그 상황을 개선하기 위한 도움을 주는 사람도 없었기 때문이다. 울다가 지쳐서 더는 눈물이 나오지 않았고 큰 상처가 되어 마음 깊은 곳에 박혀버렸다. 혼자만 마음에 품고 있다가 오래되면 잊히기도 한다. 그러나 그 상처는 아무런 예고 없이 튀어나와 자신을 공격한다. 정작 본인은 우연히 그런 기분이 들었다고 생각하거나 또는 외부에서 비롯됐다고 여긴다. 이런 슬픔이 자신의 몸 안에 오랫동안 존재하며 한 번도 떠난 적이 없다는 사실을 본인은 모른다.

엄마가 집을 나간대!

"그때 이런 일이 있었어요."

진주는 서두를 꺼내놓고 순둥이를 바라보며 한동안 말을 잇지 않았다. 나는 자세를 고쳐 앉으며 상반신을 그녀 쪽으로 기울이며 들을 준비가 되었음을 어필했다. 하지만 나는 아무 말 하지 않았다. 시간이 한참 지난 후에야 진주가 입을 열었다.

"그때 전 겨우 여덟 살이었고 초등학교 2학년이었어요. 오전 수업을 마치고 집에 돌아오니 어머니가 커다란 여행 가방에 짐을 챙기고 있었어요. 뭔가 이상하다는 느낌이 들었지만, 왠지 다가가 물어볼 용기가 나질 않더군요. 조금 있으니 어머니가 전화를 받는 소리가 들렸어요. 전화를 걸어온 상대는 이모인 것 같았는데, 엄마는 전화기에 대고 '이런 남편과 집안, 이따위 결혼 생활을 누가 견딜 수 있겠어?' 하고 말했어요. 그 전날 밤에 오빠가 잘못한 일로 부모님이 한바탕 말다툼을 벌인 게 생각나요. 아빠는 아이 교육을 제대로 못한다며 엄마에게 싫은 소리를 하셨고, 엄마는 오빠가 아빠 닮아서 그런 걸 자기에게 뒤집어씌운다며 맞받아쳤죠."

진주가 씁쓸하게 웃었다.

"엄마가 전화로 하는 말을 들으니 온몸에 소름이 돋았어요. 맞아요. 지금 생각해보니 그 느낌이 너무 강렬했어요."

진주는 눈물을 흘리면서도 웃었다.

"'큰일 났어! 엄마가 집을 나간대!' 하는 생각이 스치며 너무 무서웠어요. 울면서 방으로 뛰어 들어가 엄마 손을 붙잡고 말했어요. '엄마, 나가지 말아요. 제가 말 잘 들을 테니 가지 말아요!'"

진주가 순둥이를 안은 채 하염없이 눈물을 흘렸다.

"엄마는 며칠 동안 이모 댁에서 지낼 테니 걱정 말고 말 잘 듣고 있으라고 하셨어요. 나는 계속 울며 엄마를 붙잡았어요. 말 잘 들을 테니 제발 가지 말라고 하면서요."

진주가 티슈를 뽑아 눈물을 닦았다.

"엄마와 난 부둥켜안고 통곡했어요. 결국 엄마는 집을 나가지 않았던 걸로 기억해요."

듣는 나도 눈시울이 붉어졌다.

"그 일이 진주 씨에게 어떤 영향을 끼친 것 같아요?"

"솔직히 말해서 그 일 자체를 잊고 있었어요. 상담하러 오기 전까지는 제가 순종적인 이유가 엄마 아빠의 꾸지람이 두려워서라고 여겼어요. 게다가 오빠가 부모님과 자주 충돌하다 보니 나 하나라도 부모님을 거역하지 말아야겠다고 생각했죠."

진주의 눈에서 눈물이 걷잡을 수 없이 흘러내렸다.

"그런데 지금 생각해보니 말을 듣지 않으면 엄마가 집을 나갈 테니 순종해야 한다고 스스로 다짐한 거예요."

'말을 잘 듣지 않으면 엄마를 잃어버릴 거야. 그러니까 말을 잘 들어야 해.' 이 얼마나 가슴 아픈 생각인가!

"그래서 진주 씨가 그렇게 노력하고 순종했군요. 순둥이도 정말 힘들었겠어요. 진주 씨와 함께 엄마를 붙잡기 위해 노력한 거잖아요. 진주 씨가 처한 상황에서 아무도 도움을 주지 않을 때 오직 순둥이만은 진주 씨와 함께하며 도왔어요. 정말 애썼어요."

나는 눈물이 글썽한 눈으로 그녀를 바라봤다.

"그렇게 수고한 순둥이에게 그동안 함께 있어주고 애써줘서 고맙다는 인사를 하지 않을래요?"

진주는 순둥이를 바라보다가 품에 꼭 안았다.

"순둥아! 너무 고생했어. 함께 노력해줘서 정말 고마워."

내가 혼자였을 때 날 외롭지 않게 해줘서 고마워. 날 포기하지 않아서 고마워. 나와 함께하며 노력해줘서 고마워. 정말 고마워. 진주는 어린 자신을 오랫동안 힘주어 꼭 안아주었다. 그것은 순둥이가 오랫동안 기다린 포옹인지도 모른다.

인정하기 싫은 아픔

누구나 영재가 될 수는 없다
———— 최고의 명의를 꿈꾸는 준표

"정말 이해할 수가 없네요. 아니 멍청한 인간들이 왜 그렇게 많죠?"

준표가 앉자마자 분통을 터뜨렸다.

"무슨 일이 있었어요?"

"한마디로 설명하기 어려운데 병상 배치에 관한 일이에요. 내가 틀림없이 지시를 내렸는데 자기들 마음대로 하다가 문제가 생기면 그제야 물어보러 옵니다. 정말 이상한 사람들이에요."

준표가 머리카락을 거칠게 움켜쥐었다.

"왜 다들 맡은 일을 제대로 하지 않을까요? 치프 레지던트가 할 일이 얼마나 많은데 왜 항상 남의 일을 처리해줘야 하는지 모르겠어요."

준표가 콧방귀를 뀌더니 이야기를 계속했다.

"게다가 도와달라고 해놓고 정작 자신은 뒤로 빠져 있는 사람도 있어요. 초등학생도 아닌데 왜 그러는지 모르겠어요. 날마다 그들이 저질러놓은 일을 뒤치다꺼리하느라 여간 짜증 나는 게 아니에요."

"직장에서 스트레스가 많은 것 같네요. 그럴 때 스트레스를 해소하는 방법이라도 있어요?"

"스트레스를 해소할 틈이 어디 있어요? 할 일이 이렇게나 많은데 내버려두면 누가 도와줍니까? 일을 제대로 처리하지 못하면 무시부터 하는 분위기고, 제대로 수행해도 당연하게 생각하면서 오히려 일을 더 맡기는 곳입니다. 어쩌다 이런 괴상한 곳에서 일하게 되었는지 모르겠어요."

"의사가 되는 게 원래부터 꿈이었나요?"

준표가 웃으며 날 바라봤는데, 내가 아무것도 모르니 용서해주겠다는 눈빛이었다. 그러면서도 '어쩌면 저렇게 천진난만할 수 있을까' 하는 놀라움과 무력감이 섞여 있었다(솔직히 말해 준표가 그런 눈으로 바라보는 순간, 나는 멍청한 질문을 해버린 바보가 된 기분이었다).

의사가 되기를 바라는 부모님

"잘은 모르지만 최소한 내 주변의 의사들 대부분이 처음부터 의사를 꿈꾼 건 아니었어요. 자식이 의사가 되길 원한 부모님의 등쌀에 이쪽으로 진로를 바꾼 거죠."

준표가 웃으며 이야기를 계속했다.

"저는 타이난 출신인데 우리 고장에는 '돈을 가장 많이 버는 직업이 빙과나 아이스 음료 가게 주인이고, 두 번째로 많이 버는 직업이 의사'라는 말이 있어요. 그런데 부모들이 앞부분은 무시하고 두 번째로 많이 번다는 의사에만 집중해서 자식을 의사로 만들려고 하죠."

준표가 어깨를 으쓱했다.

"의대 7년 차에 인턴을 시작하고 다들 힘들어할 때, 동료들과 의사는 포기하고 아이스 음료 전문점을 열어 돈이나 더 많이 벌자고 얘기한 적도 있어요."

"의사의 길이 힘들다고 느끼면서도 많은 사람이 여전히 그 길을 고수하잖아요?"

"포기하고 싶어도 그럴 수 없기 때문이에요. 의사가 되려고 그 많은 고생을 다 했으니, 중도에 포기하려 해도 따질 게 너무 많아요. 다른 사람의 눈도 의식해야 하고, 의대라는 후광이 매우 크기 때문에 이걸 내려놓으려면 가족의 동의부터 받아야 해요. 의과대학 시험에 합격했을 때 아버지는 이웃에게 합격 턱을 내려고 식당 테이블을 열 개나 예약할 정도였죠."

돌아올 수 없는 길을 떠나다

준표의 말을 듣다 보니 그가 이미 돌아올 수 없는 길을 떠난 듯했다. 이 길에 한번 들어선 사람은 오로지 전진만이 가능하다. 길은 단한 갈래로만 나 있어서 도중에 다른 길로 빠질 수 없다. 모든 관문이삼엄하게 관리되기 때문에 실수로 한 관문만 놓쳐도 이 탄탄대로에머물 수 없다. 실수하거나 주변 사람과 다른 선택을 하면 그 대열에서 빠져 다른 길로 가게 된다. 그러나 이 길 위에 있는 사람들에게이는 또 하나의 상상할 수 없는 블랙홀에 빠지는 셈이다. 자신이 어디로 가는지 상상할 수 없으며, 앞으로 어떤 풍경이 펼쳐질지도 알수 없다.

하지만 생각해보면 두려운 일이다. 이 길을 걷는 사람들은 아무생각 없이 수동적으로 나아갈 수 있을 뿐이다. 모두가 원한다고 생각했던 것이 정작 손에 넣고 보면 마음에 안 들 수도 있는, 그런데도반드시 손에 넣어야 하는 우승컵과 같다.

자신이 왜 이런 괴상망측한 곳에 있어야 하는지 의혹을 품은 채지겨워하면서도 그곳을 떠날 수 없다. 자신의 삶에 다른 선택이 있을 수 없다고 생각하기 때문에 이 길을 끝까지 가야만 한다.

진로를 바꾼다면 엄마는 죽어버릴 거야

"부모님은 정말로 준표 씨가 의사가 되기를 원하셨나요?"

"물론이죠. 시험에 합격할 실력이 되는데 어떤 부모가 마다하겠어요. 자식이 의사가 된다는 게 부모로서는 체면이 서는 일이니까요."

준표가 자조적인 웃음을 지었다.

"의과대학 2학년인가 3학년 때, 친구로부터 한 선배에 관한 얘기를 들었어요. 그 선배는 고등학교 성적이 좋아서 의대에 입학했죠. 그런데 피만 봐도 기절하는 성격이라 좀처럼 적응하지 못했어요. 더는 견딜 수 없다고 생각한 그 선배는 다른 학과로 전과하고 싶다고 부모님께 여러 번 말했어요. 선배는 수학에 관심이 많았지만 부모님은 그 학과를 졸업해봐야 전망이 어둡다는 이유로 한사코 반대했죠. 선배의 어머니는 전과하면 죽어버릴 거라고 위협하기까지 했어요."

준표가 입을 꾹 다물고 코로 숨을 크게 내쉬었다.

"나중엔 어떻게 됐어요?"

"그 선배, 견디지 못하고 건물에서 투신했어요. 구조되어 목숨은 건졌지만 식물인간이 됐어요."

준표는 무의식적으로 허벅지를 문질렀다.

"여름방학이라 집에 갔을 때, 저녁 식탁에서 이 이야기를 가족들에게 들려줬어요. 그런데 아버지가 뭐라고 하셨는지 아세요? 그 선배가 너무 나약해서 자기 인생을 망쳤다는 거예요."

여기까지 말한 준표가 무기력하게 웃었다.

"그 동기가 들려준 얘기가 어쩌면 실화가 아니라 그저 학과 내에 떠도는 '괴담'일지도 모르죠. 하지만 아버지의 반응은 예상했었지만 너무 전형적이었어요. 아버진 그런 분이셨어요."

준표가 자신의 다리를 툭툭 쳤다.

"아버지가 어떻게 반응하길 기대했는데요? 그 이야기를 일부러 아버지께 들려드린 건가요?"

"꼭 아버지 들으시라고 한 얘긴 아니에요. 의사의 길이 그 정도로 힘들다는 사실을 부모님께 알려드리고 싶었을 뿐이에요. 하지만 아버지는 버티지 못하는 자는 결코 성공하지 못하는 패배자라고 주장하세요. 아버지의 사전에는 딱 두 종류의 사람만 존재해요. 뛰어나고 쓸모 있는 사람과 남에게 의존하는 쓸모없는 사람, 이렇게요."

준표가 코웃음을 쳤다.

"아버지는 자신이 전자에 해당하고 어머니는 후자에 속한다고 생각하시죠. 그래서 엄마에게 늘 무례하게 대했어요."

가족에 관한 화제를 알아서 꺼내는 그에게 질문을 계속했다.

제왕으로 군림한 아버지

"듣고 보니 아버지는 가족과 준표 씨에 대한 영향력이 무척 큰 것 같군요. 아버지가 모든 것을 결정하는 편인가요?"

내 질문에 준표가 혀를 한 번 차더니 얘기를 계속했다.

"아버지는 가부장적 성향이 강한 분이라 가족들은 모두 아버지의 뜻을 따라야 했어요. 교장 선생님으로 은퇴한 분답게 명령하는 게 습관이 되었는지도 모르겠어요. 아무튼 아버지는 집안에서 제왕이고 우리는 아버지께 복종해야 하는 신하였어요. '나를 따르는 자는 흥하고 나를 거역하는 자는 망할지니' 하는 식이었죠."

준표는 '알잖아요'라는 표정으로 익살스럽게 말했다.

"부모님과 준표 씨 말고 또 다른 가족이 있나요?"

"네. 다섯 살 아래 남동생이 하나 있어요. 저와 달리 동생은 나중에 전기공학을 전공했어요."

준표는 '나중에'를 특별히 강조하는 느낌이었다.

"나중이라면…… 동생분이 원래는 전기공학을 전공하지 않았나 봐요?"

"그 애는 원래 생태와 관련된 분야에 관심이 많았는데 내가 보기에도 적성에 맞는 분야였죠. 어릴 때부터 동물이나 곤충을 좋아해서 몇 시간 동안 꼼짝하지 않고 개미를 관찰하곤 했거든요. 하지만 부모님은 비전 없는 학과라며 재수해서 의대를 가라고 하셨어요. 의학은 한사코 싫다고 해서 결국 이공대로 진학해 전기공학을 전공하게 된 거죠."

준표는 무덤덤하게 말했지만 나는 속으로 '세상에!'를 부르짖었다.

자신이 원하는 것을 선택할 수 없었다

"동생분의 진로 선택에 관해 당사자와 얘기해본 적이 있어요?"

"있죠. 재수하기로 했을 때 동생과 이야기를 나눴어요. 가능하면 자신이 원하는 학과를 선택해야 고생을 덜 한다고 했죠"

준표가 턱을 그러쥐고는 말을 이었다.

"결과적으로 동생이 뭐라고 했는지 아세요? '그래서 형은 원하는 학과에 갔어? 어차피 부모님이 원하는 학과로 간 거잖아!' 동생에게 보기 좋게 한 방 먹었죠. 하하하!"

"동생분은 형에게 무슨 말을 해주고 싶었던 걸까요?"

"이 집안에서는 아무도 자신이 원하는 걸 할 수 없다는 말이죠. 어차피 길은 정해졌으니 대세에 머리를 조아리고 따라야 한다는 말이었어요."

"아버지가 더 독선적이세요? 아니면 어머니도 같은 생각이세요? 부모님의 뜻을 거역하고 자신의 의견을 고집해본 적이 있나요?"

"아버지가 독선적이지만 어머니도 동조하는 편이에요. 어머니는 아버지의 생각이 옳다고 생각하시죠. 두 분의 뜻을 거역하는 날에는 엄청난 파장을 각오해야 했어요. 고등학교 때 의과대학에 지원하지 않겠다고 했더니 아버지가 노발대발하시며 집안을 발칵 뒤집었어요. 어머니는 왜 속을 썩이느냐고 정말 불효자식이라며 눈물 바람을 하셨어요. 결국 두 분의 등쌀에 의과대학에 지원할 수밖에 없었어요. 동생 때는 더 말할 나위도 없었죠. 처음엔 생명공학과를 지원했는데 부모님이 번갈아 동생을 꾸짖었어요. 동생의 담임선생님은 전화 통화로 동생이 그 분야에 적성도 맞고 재능도 있다고 부모님을 설득했어요. 하지만 아버지는 대뜸 '선생님 자식 아니라고 장래가 어떻게 되든 적성만 중요하게 생각하시네요'라고 무례하게 말씀하셨어요."

"세상에!"

듣고 있는 것만으로 무례함이 느껴졌다. 이 형제에게 자신의 미래는 결코 자신의 것이 아니고 전부 아버지가 결정하는 것 같다. 아버지가 동쪽으로 가라고 하면 동쪽으로 가야 하고, 서쪽으로 가라고 가면 서쪽으로 가야 한다.

"자신의 장래를 자율적으로 결정할 수 없는데 속상하지 않았어요?"

"적응이 됐는지 그러려니 하고 일찌감치 포기하고 살아요. 저는 그래도 괜찮은데 동생은 정말 안 됐어요. 좋아하는 걸 포기하고 재수까지 했으니까요. 사실 제가 의대에 가지 않았다면 뭘 해야 했을지 잘 모르겠어요."

자신의 장래를 남이 결정하는 생활에 적응되어 감정을 닫아버린 채 시키는 대로 움직이는 삶은 꼭두각시와 다름없다. **이런 상태가 오래되면 자기가 진실로 원하는 것이 무엇인지도 모른다.** 이는 자신의 인생을 포기하는 무기력한 태도다.

나를 벽에 패대기쳤어요

"두 형제분이 아버지를 무서워하는 건 아버지가 화를 자주 내서 그런 거예요?"

그동안 준표와의 대화를 통해 어느 정도 단서를 포착했다.

"그냥 화를 내는 정도가 아니라 폭발하시죠. 그럴 때마다 고래고
래 소리를 지르며 물건을 던지고 깨부수는 모습이 마치 집 안에서
시한폭탄이라도 터진 것 같아요. 가끔 우리를 때리기도 하셨죠."

"때려요? 자녀를 때린다는 거예요?"

"어렸을 때 말대답을 했다고 아버지가 나를 들어다가 벽에 패대
기친 적도 있는걸요."

준표는 감정 없이 이렇게 말했다.

"어머니는요? 아버지가 그렇게 화를 낼 때 어머니도 계셨어요?"

"처음엔 어머니도 울면서 아버지를 만류했어요. 하지만 아버지가
어머니에게도 폭력을 썼기 때문에 나중엔 어머니가 다른 방으로 들
어가버리셨죠. 차마 눈으로 볼 수 없어서였겠죠."

두 형제에게 그것은 어떤 광경이었을까?

"어차피 어머니가 계셨어도 소용없었을 거예요. 우는 어머니까지
달래드려야 했을 테니까요."

준표는 무슨 벌레라도 쫓아버리듯 팔을 휘저었다.

"그 얘긴 그만하고 다른 화제로 돌리죠."

시한폭탄 같은 아버지

준표 형제에게 수시로 폭발하는 아버지의 정서는 언제 터질지 모

르는 시한폭탄 같았다. 가족 내 또 다른 어른인 어머니마저 아버지의 폭력을 저지할 수 없었다. 형제는 그의 화를 유발할까 봐 노심초사하며 순종적으로 변해갔다. 어머니의 무능함과 아버지의 폭력을 형제는 어떻게 극복했을까?

"이렇게 말하면 더 불편할 수도 있겠지만, 다른 사람과 그 일에 대해 의논해본 적 없죠?"

준표는 아무 일도 없다는 듯 고개를 좌우로 가볍게 돌리며 스트레칭을 했다. 딸깍, 목 꺾는 소리가 났다.

"불편할 것도 없어요. 다만 좀 어색할 뿐이죠. 얘기는 얼마든지 나눌 수 있어요. 다만 제가 쉽게 짜증이 난다고 말했던 것과 무슨 상관이 있는지는 모르겠어요. 직장에서의 일을 꼭 얘기해야 하는 건 아니잖아요?"

준표는 눈썹을 한 번 꿈틀했다. 나는 그의 저항을 느꼈지만 애써 침착함을 유지했다. 그런 경험은 매우 중요하지만, 당사자에게는 돌아보고 싶지 않은 경험이기도 하다.

"**인간의 감정 표현 방식 중 일부는 학습된 것**이랍니다. 어렸을 때 아버지가 이런 식으로 감정을 표현하는 것을 보았고 그 폭력적인 분노 표출에 두려움을 느꼈다면, 스스로 무감각하게 만드는 것 외에 스스로 대응하는 정서인 **분노**를 드러냅니다. 왜냐하면 그저 두려워하기보다는 **분노를 통해 자신을 더 보호할 수 있으며, 그 상황에서 벗어나기 위한 행동을 촉구할 수 있기 때문이죠**. 준표 씨 아버지는 자신의 계획이 뜻대로 되지 않을 때나 통제할 수 없는 상황에 직면할 때 분노라는 감정을 이용해 모든 상황과 자녀를 통제한 것 같아요. 준표 씨는 그런 아버지의 방식에 익숙해졌고, 그 후 인생에서 계획을 벗어나 통제할 수 없는 상황에 놓일 때 스스로 그 상황을 통제할 수 없다는 초조함과 두려움이 생기면 아버지의 방식, 즉 분노를 이용해 상황을 정상 궤도에 올려놓고 자신의 마음에 들게 하려는 경향이 있죠."

살아남으려고 부모의 방식을 체화했다

준표처럼 이성과 자아의식이 강한 내담자의 경우, 나는 알고 싶은 것이 무엇이고 그 이면의 목적이 무엇인지 미리 설명하는 편이다. 당사자의 양해를 구해야 서로 원활한 협조를 할 수 있기 때문이다. 그런 의도에서 말한 내 이야기에 준표는 놀란 모양이다.

"제가 아버지와 똑같은 문제를 안고 있단 말인가요? 너무 충격적이네요."

"준표 씨는 아버지와 달라요. 다만 오랫동안 함께 지내면서 그런 식으로 다뤄지는 데 익숙해지다 보니 아버지의 행위와 감정 표출 방식을 모방할 가능성이 있다는 거죠. 예를 들어 집 안에서는 모든 행동을 아버지의 기준에 맞춰야 했죠. 그렇지 않으면 불같이 화를 내시니까요. 살아남기 위해서 아버지의 기준을 체화하여 준표 씨 자신의 생활과 삶의 일부, 심지어 성격의 일부로 삼았을 가능성도 있다는 겁니다."

어떤 면에서 우리는 부모의 영향력에서 벗어나고자 평생 노력하면서 자신은 부모를 닮지 않겠다고 다짐한다. 그러나 '완전히 벗어나겠다'는 생각마저도 우리가 부모의 영향권 안에 놓여 있다는 방증이다. 우리는 부모의 부정적인 면을 닮지 않으려고 노력한다. 하지만 그런 면이 어느새 뼛속 깊이 들어와 내 일부로 체화되었음을 발견하는 순간 큰 충격에 휩싸이게 된다. 특히 준표처럼 스스로 높은 기준으로 자신이 모든 상황을 통제할 수 있다고 믿는 사람에게는 더욱 그러하다.

중학교 때 두 가지를 결심하다

"하지만 준표 씨는 아버지를 닮지 않겠다는 의지가 강한 것 같네요."

"당연하죠. 누가 그렇게 되고 싶겠어요. 아버지는 대외적으로 자식과 아내에게 자상한 교장의 이미지로 은퇴한 분이기도 하잖아요. 그런 아버지가 집 안에서는 가족을 개나 돼지처럼 매질하리라고 누가 상상이나 하겠어요?"

준표가 웃음을 지었다.

"중학교 때 두 가지를 결심했어요. 그중 하나는 언젠가 능력이 되면 바로 집을 나가 살겠다는 결심이었죠. 그러려면 혼자서 먹고살수 있는 괜찮은 직업을 구해야 했고, 그래서 죽어라 공부했죠. 그것만이 그 상황에서 벗어나는 유일한 방법이었으니까요. 나머지 하나는 감정 표현을 절제하여 함부로 화내지 않겠다는 결심이었어요. 그렇지 않으면 아버지와 똑같은 사람이 될 테니까요."

"아버지와 똑같은 사람이 되면 어떻게 되는데요?"

"주변 사람을 다치게 하잖아요! 가정은 파괴되고 가족 모두 불만이 많아지겠죠. 하지만 표면적인 평화를 유지하기 위해 다른 가족들은 그걸 표현하지 않고 '화목한 가정'의 꿈을 지속할 수 있게 하는 거죠."

준표가 비아냥대며 웃었다.

"그러고 보니 이번 설날에 아버지가 하신 말씀이 생각나네요. 너무 기가 막혀 눈이 뒤집힐 뻔했지만요."

"뭐라고 하셨는데요?"

"아버지는 우리 형제가 이렇게 훌륭한 학력과 근사한 직업을 갖게 된 게 모두 당신 덕이니 고마워해야 한다고 하셨어요. 엄격한 아버지가 아니었다면 나약한 두 아들이 이렇게 성공하지 못했을 거라면서요."

말을 마친 준표가 껄껄 웃었다.

"상상이 되세요? 아버지는 자신이 정말 대단하다고 생각하세요. 솔직히 말해서 우리 형제가 그나마 버틴 건 순전히 우리의 강한 의지 덕분 아닌가요? 그런데 아버지는 이 모든 것을 당신의 공으로 돌리고, 우리를 반쯤 죽을 만큼 때린 것도 우리를 위해서였다고 생각하세요. 당신의 감정 조절에는 아무 문제가 없다고 여기시죠. 더 웃긴 건 어머니도 우리 형제가 아버지께 감사드려야 한다고 옆에서 동조하시는 겁니다. 우리 부모님이지만 두 분 참 대단하세요. 하긴 그래서 오랫동안 부부로 함께할 수 있었는지도 모르죠."

준표의 말을 듣고 있자니 갑자기 슬픔이 복받쳐 올랐다.

인정받지 못하는 아픔

비바람으로부터 자신을 보호해줄 집이 오히려 가장 큰 상처를 안겨준 고통의 근원이 되어버렸다. 그러나 **이 아픔은 인정받을 수 없을 뿐 아니라 자신에 대한 사랑으로 간주하고 억지로 삼켜야 한다. 그래야 몸에 좋다고 스스로 최면이라도 거는 것처럼 말이다.** 자신의 감정마저 믿거나 인정할 수 없으며, 심지어 왜곡되기까지 한다. 이런 상황이 정말 괴로운 것이다.

준표가 시니컬한 태도로 제삼자의 입장에서 이 모든 것을 대하는 것도 이해된다. 아무도 그 형제의 목소리를 들어주지 않았으므로 이 모든 것을 견딜 수 없는 것이다. 멀리 떨어져 있으면 그 당시의 아픔과 두려움이 더는 생각나지 않을 수도 있다. 모든 저항은 자신의 마음을 보호하기 위한 것이다. 견디기 힘든 아픔을 삼키거나 외면할 수 있다는 기대는 품지 않아야 한다. 이런 아픔을 직시하고 소화하며 치유하려면 시간이 얼마나 필요할까? 그게 가능은 할까? 나도 모르겠다.

엄마는 처음부터 날 원치 않았어
가면을 쓴 인형, 미혜

"요즘 들어 엄마와 언쟁이 잦아졌어요."

미혜는 자리에 앉자마자 이 말부터 해놓고는 한마디 덧붙였다.

"그게 상담과 관련이 있는지도 모르겠네요."

"무슨 말씀이죠?"

"상담할 때는 아무래도 지난 일에 관해 얘기하니까 그동안 잊고 있던 일이 불쑥 튀어나오기도 해요. 사실 잊어버렸으니까 엄마와 잘 지낼 수 있다고 생각한 것이겠지만요."

미혜가 머쓱해하며 웃었다.

"그런데 상담을 받으면서 어떤 일들이 생각났고, 생각할수록 너무 괴로웠어요. 그러다 보니 엄마하고 싸우게 되더군요."

견디기 힘든 과도기

상담 과정에서 사람들이 가장 힘들어 하는 부분은 이런 '과도기'이다. 닫혀 있던 감정이 서서히 열리고, 봉인됐던 기억이 되살아나기 시작한다. 따라서 일정 기간 감정의 기복을 마주해야 한다. 심지어 일상생활에서 전보다 민감해지고 기분이 자주 변하는 것을 느낄 것이다. 감정의 빗장을 닫아걸고 안정을 유지하며 살아온 사람들에게 이 상황은 두렵다. 심지어 '심리 상담은 상태를 더 악화시키는 소용없는 짓'이라는 생각에 상담을 중단하거나 포기하려고 한다. 특히 사건에 끼친 큰 영향에 관한 대화는 참을 수 없는 불편함을 가져온다. 그래서 전과 같은 방식으로 외면하고 도피하려는 경향이 있는데, 이는 모두 극히 정상적 반응이다.

인간은 위험하거나 불안한 상황에 맞닥뜨리면 습관대로 행동하거나 익숙한 반응 패턴을 사용하는 경향이 있다. 이런 패턴이 한때 자신에게 효과적으로 안도감을 선사했기 때문이다. 그러나 이런 반응이야말로 심리 상담에 진전이 있다는 것을 의미한다. 상담 과정에서 기억난 일이나 감정은 미혜에게 매우 중요하다.

엄마에게 잊힌 아이

"어떤 일이 생각났는지 얘기해줄 수 있어요?"

미혜가 뭔가를 생각하는지 눈빛이 아득해지더니 눈가가 서서히 붉어졌다.

"여섯 살인가 일곱 살 때의 일이에요. 어느 날 엄마가 언니와 나, 남동생을 데리고 백화점에 갔어요. 우리 셋을 백화점 놀이 공간에 맡겨놓고는 쇼핑이 끝나자 데리러 오셨어요. 그런데 엄마는 언니와 동생만 챙기고 나라는 존재는 까맣게 잊어버린 거예요. 나는 한쪽 구석에서 혼자 장난감 자동차를 가지고 놀았는데, 정신을 차려보니 미끄럼틀을 타고 놀던 언니와 남동생이 보이지 않았어요. 놀란 나는 울음을 터뜨렸고 사태를 파악한 백화점 직원이 엄마를 찾는 방송을 내보냈죠. 방송을 들은 어머니가 황급히 돌아와 백화점 사람들에게 사과하고는 나를 데려왔어요. 그런데 집에 돌아오자마자 엄마는 제가 노는 데만 정신이 팔려 엄마가 데리러 오는 것도 몰랐느냐고 매질부터 하셨어요. 이제 와 보니 생각할수록 화가 나요. 당신의 실수로 아이를 챙기지 않았으면서 노는 데 정신이 팔렸다며 아이를 탓하는 엄마가 세상에 어디 있어요?"

감정이 격해지면서 미혜의 눈시울이 더 붉어졌다. **분노하는 미혜의 감정선 뒤에는 깊은 트라우마가 도사리고 있었다.** '엄마, 나를 어떻게 까맣게 잊을 수 있었어요? 엄마에게 나는 정말 태어나지 않았어야 하는 아이였나요? 잊힌 것만으로도 서러운데 그런 나를 때리기까지 해야 했어요? 그래서 내 잘못으로 느끼게 만들어야 했나요? 그게 정말 내 잘못이었어요?'

어린아이에게 부모는 세상의 전부다. 이런 시기에 버림받았다는 공포는 단 한 번의 경험만으로도 평생 지울 수 없는 트라우마로 남는다. 사랑받지 못한다는 상실감 외에도 '엄마에겐 내가 전혀 중요하지 않나?' 하는 두려움이 더해지며, 심지어 '내가 정말 잘못해서 엄마가 날 버렸나' 하는 자기혐오와 자책이 뒤따른다.

"그 일을 기억해내고 겨우 삭이고 있었어요. 그런데 며칠 전 엄마가 남동생 얘기를 하던 끝에 이런 말을 하는 거예요. '너 혼자만 챙기지 말고' 남동생도 챙기는 좋은 누나가 되라고 말이에요."

여기까지 말한 미혜가 크게 한숨을 토해냈다.

"그 말에 나도 참지 못하고 말대꾸를 했어요. '엄마가 날 신경 써주지 않으니 나라도 나를 챙겨야죠. 엄마는 나 같은 아이를 낳았다는 사실도 잊어버렸잖아요. 엄마에게 난 그냥 태어나지 말았어야 하는 자식이죠!'"

미혜는 격앙해서 말을 쏟아냈다.

"그 말을 듣고 엄마가 뭐라고 하셨어요?"

"엄마는 울음을 터뜨렸어요. 제가 너무 과민 반응을 한다면서 엄마가 날 사랑하지 않는 건 아니라고 하셨어요. 다만 남동생에게 좀 더 관심을 쏟은 것뿐인데 뭐가 그렇게 불만인지 모르시겠대요. 그러더니 자식에게 이런 소리까지 듣는다며 자신은 실패한 엄마래요."

미혜는 무력감을 느끼고 있었다.

"엄마에게 그때 왜 내 존재를 까맣게 잊어버렸느냐고 물었어요. 그리고 나를 챙기지 않은 것은 명백히 엄마의 잘못이라고 얘기했죠. 엄마는 내가 이렇게 속 좁은 애였는지 몰랐다면서, 당신은 기억나지도 않는 일로 이제 와서 트집이냐고 쏘아붙이셨어요. 그러고는 전화를 끊어버렸어요."

모든 게 아이의 잘못일까

나와 미혜는 동시에 깊은 한숨을 내쉬었다.

"어머니 말을 듣고 어떤 기분이 들었어요?"

"기분이 더 엉망이었죠. 엄마는 모든 게 내 잘못이라는 말투였어요. 낳고 키워준 은공도 모르고 엄마에게 대드는 배은망덕한 딸이라는 거죠. 엄마는 사실 제가 무슨 말을 하는지도 모르는 눈치였어요."

"미혜 씨가 어떤 말을 했던 것 같아요?"

나는 미혜를 바라보며 천천히 물었다. 그녀가 말없이 나를 바라봤다. 내내 벌겋던 눈가에 눈물이 배어 나왔다.

"나는 낳지 말았어야 하는 자식이었냐고, 그래서 원치 않은 자식이었냐고 묻고 싶었어요."

미혜의 말에서 그 뒤에 숨어 있는 더 깊은 상처가 크게 느껴졌다.

"그렇게 묻는 이면에는 이번 일 말고 혹시 다른 사건도 있을까요?"

내가 조심스럽게 묻자 그녀가 나를 바라봤다.

"어렸을 때 한번은 엄마가 원피스를 입으라고 했는데 그걸 거부했어요. 화가 난 엄마가 이렇게 말씀하셨어요. 첫딸인 언니에 이어서 저를 임신하셨는데 또 딸이라는 걸 알고 유산하려고 했대요. 그런데 아빠의 반대로 어쩔 수 없이 낳았대요. 날 낳지 않았으면 이렇게 속상한 일도 없었을 거라고요."

미혜는 웃고 있었지만 쉴 새 없이 눈물이 흘러내렸다.

"그러니까 난 원래부터 엄마가 원치 않는 아이였어요."

어릴 때 엄마로부터 그런 얘기를 들은 미혜는 고분고분한 아이가되어 자신이 하기 싫어도 엄마 말에 억지로 따랐다. 엄마한테 혼나는 게 무서웠던 것도 있지만 원치 않는 아이로 태어난 자신이 말을 들지 않으면 또 버려질 수도 있다는 두려움이 컸기 때문이다. 미혜의 고통은 파헤쳐졌고, 우리는 그 고통의 동굴에 깊이 들어가 오래오래 함께 있었다.

깨달음
내 안의 상처를 인정하기

"우리의 선택은 우리의 재능을 훨씬 능가하며,
우리의 진정한 모습을 드리내준다."

- 알버스 덤블도어Albus Dumbledore, 《해리포터와 마법사의 돌》

누구의 만족을 위한 삶인가

노력 부족의 위험성

지민이 소파에 앉아 턱을 괴고 골똘히 생각에 잠겨 있다. 뭔가 말을 하려다 속으로 정리하는 모습이었다. 나는 그녀가 준비를 마칠 때까지 조용히 기다렸고, 마침내 그녀가 입을 열었다.

"지난번 상담 후에 집에 돌아가서 많은 생각을 했고 많은 기억을 떠올렸어요."

지민은 컵을 들고 물 한 모금을 마셨다.

"전에는 엄마의 요구가 합리적이라고 생각하고 힘들어도 최대한 맞춰드리려고 했어요. 그런데 얼마 전 엄마가 전화를 걸어와 이런저런 불평을 늘어놓는 거예요. 내가 엄마를 사랑하지 않고 챙겨주지도 않는다고 하면서요. 엄마의 껄끄러운 소리를 듣고 있는 게 너무 힘들었어요."

"무슨 말씀을 하셨는데요?"

"갑자기 전화를 하시더니 엄마랑 같이 밥 먹자는 말도 없고 나 살기에 바쁘다는 핑계로 엄마에게 소홀히 한다면서 볼멘소리를 하시는 거예요. 결혼하더니 변했다면서 딸의 책임을 다하지 않는대요. 제 불효를 제 자식들이 보고 그대로 배울 테니 나중에 효도 같은 건 받을 생각도 하지 말래요. 제가 모범을 보이지 않으니 아이들도 멀어질 거고 남편도 제가 잘못한다고 느낄 거라는 거예요. 듣고 있다가 도저히 참을 수가 없어서 왜 엄마는 내 인생과 내 가족을 저주하느냐고, 설마 내가 잘사는 게 싫어서 그러냐고 따졌어요. 전화 저편에서 엄마는 배은망덕한 딸이라고 노발대발하셨어요. 다 키워놓으니까 은혜를 원수로 갚는다면서 당신을 자식 앞길을 저주하는 악독한 엄마로 만들었대요. 그 후로 엄마는 친척이나 이모들에게 제가 불효녀라고 넋두리를 하고 다녔더라고요."

지민이 힘없이 웃었다.

"전에도 이런 오해와 원망을 들은 적이 꽤 있었지만, 그때는 참아내면서 무심하게 넘길 수 있었어요. 그런데 어쩐 일인지 요즘은 참기 힘들어서 걸핏하면 엄마한테 대들다가 결국 이렇게 되네요."

"어머니께 그런 소리를 들었을 때 어떤 기분이었어요?"

"너무 힘이 빠졌죠. 엄마의 눈에 나는 언제까지나 부족한 딸이고 엄마를 챙겨주지도 않고 노력도 부족한……."

지민이 갑자기 말을 멈추더니 입술을 깨물었다. 나는 말없이 그녀를 기다렸다. 이런 경우 대부분 말하기 꺼려지지만 매우 중요한 것이 있음을 의미한다.

엄마를 행복하게 할 의무

"엄마는 늘 **나만 아니면 더 성공했을 거라고, 내가 엄마 발목을 잡았다고** 말해왔어요."

지민이 무의식적으로 자신의 어깨를 쓰다듬었다. 마치 스스로 위로하는 듯한 몸짓이었다.

"전에는 그런 소리를 들을 때마다 죄책감이 들었어요. 내가 잘못해서 엄마의 인생을 망쳤다고 생각했어요. 나 때문에 엄마가 형편없는 아빠랑 이혼도 못 했다고 생각했죠. 그래서 그런 죄책감을 떨쳐버리기 위해 필사적으로 노력했어요."

그렇게 이야기하더니 갑자기 웃음을 터뜨렸다.

"**내가 아빠의 속죄양이라도 된 것 같아요.** 아빠가 집을 나간 후 뒷수습을 하느라 인질이 되어야 했어요. 태어난 것 자체가 원죄라는 생각에 엄마한테 늘 죄송했어요. 그래서 엄마를 만족시켜서 속죄해야 한다고 생각했죠."

"어떤 점에 대해 속죄한다고 생각했어요?"

"내 존재 때문에 엄마가 원하는 인생을 살지 못했다는 점이죠."

지민은 쓸쓸하게 웃었다.

"지민 씨는 그게 자신의 잘못이라고 생각하세요?"

그녀는 곧바로 대답하지 않고 고개를 들어 나를 힐끗 보더니 한숨을 쉬었다.

"전에는 이런 문제에 대해 생각해본 적이 없어요. 내게 엄마를 행복하게 해줄 의무가 있다고 여기고 당연하다는 듯이 그 책임을 감당했죠. 선생님이 책에서 자주 언급하는 것처럼 나는 부모의 정서적 책임을 기꺼이 짊어지는 아이였어요. 엄마가 조금만 기분이 안 좋아도 내가 뭔가 잘못해서라고 생각했거든요. 내게는 노력을 소홀히 할 권리도 없어요. 무조건 앞으로 나아가야 해요. 그렇지 않으면 엄마에게 너무 미안하니까요."

강한 수치심

엄마에게 미안해하는 생각은 죄책감이라기보다는 '내가 잘못하면 엄마는 불행할 거야. 엄마를 그렇게 만든 나는 형편없는 존재야'라고 생각하는 수치스러움에 가깝다. 이런 수치스러움에 압도당하는 것은 끔찍한 일이다. 그래서 지민은 어머니의 책망을 피하고 자신의 수치스러움에 압도되지 않기 위해 필사적으로 노력해야 했다.

"하지만 이젠 지쳤어요. 때로는 이런 생각을 해요. 엄마가 이혼하지 않고 나를 양육하기로 한 것도 엄마 자신의 선택 아닌가요? 왜 그 책임을 내가 져야 하죠?"

사실 지민이 이런 말을 하기가 쉽지 않았으리라. 그녀는 일부러 시선을 멀리 두고 나와 눈을 마주치지 않으려 했다.

"하지만 이런 생각이 들 때마다 큰 불효라며 스스로 자책했어요. 다음 순간 정신을 차려보면 쇼핑을 잔뜩 해서 귀가하는 나를 발견하곤 해요."

지민이 씁쓸하게 웃었다. 이미 직장에 복귀해 경제적 능력도 있는 그녀에게 쇼핑은 고통에서 도피하는 중요한 수단으로 변해버렸다.

미우면서도 그리운 아빠

"요즘은 가끔 엄마 말고 아빠 생각도 해요."

지민은 물을 한 모금 더 마셨다. 그녀의 표정이 물컵에 가려서 보이지 않았다.

"꿈을 꿨는데 어떤 꿈인지 궁금하시죠?"

"물론이죠."

그녀가 물 한 모금을 더 마시고 나서 자신의 꿈 얘기를 들려줬다.

"꿈속에서…… 전 아직 어린 나이네요. 아빠가 놀이공원에 데려가 종일 놀았어요. 회전목마를 타면서 아빠가 '지민아, 재미있지?' 하고 물었어요."

그녀는 뭔가 참는 듯 입을 꾹 다물었다.

"꿈속에서 나는 이렇게 말했어요. '아빠, 너무 보고 싶어요.' 꿈에서 깨어난 후 나는 울음을 터뜨렸어요. 아빠가 한집에서 살 때 어린 나를 귀여워했다는 걸 잊고 있었어요."

내 앞에서는 거의 울지 않았던 지민의 눈에서 한 방울씩 눈물이 떨어졌다. 그러더니 이내 두 줄기로 흘러내렸다.

"아빠를 미워하면서도 그리워한다는 걸 인정해야 할 것 같아요. 하지만 그리워하는 사람은 지금의 아빠가 아니라 나를 무척 귀여워했던 과거의 아빠예요."

지민의 울음은 멈추지 않았다.

"아빠가 돌아올 수 없다는 것을 알아요. 시간을 되돌릴 수 없다는 것도요. 하지만 한때 나도 부모님의 소중한 딸이었고 마음껏 사랑받았던 시절이 있었어요. 그때는 철들 필요도 없었고 마음껏 뛰어놀기만 해도 사랑을 듬뿍 받았죠. 그 시절의 아빠가 너무너무 그리워요."

그녀는 거의 숨이 넘어갈 정도로 꺼이꺼이 울었고 나도 옆에서 함께 눈물을 흘렸다.

"하지만 당신이 그리워하는 것은 과거의 아빠인 것만은 아니라는 걸 알고 있나요?"

나는 이 말을 내뱉어버렸다. 지민이 나를 쳐다보았고, 곧 멈추려던 눈물이 다시 고였다.

"그래요. 사실 그때의 내가 그립기도 해요. 거리낄 것 없고 누구를 만족시킬 필요도 없는, 노력이 부족해서 엄마를 속상하게 할까 봐 두려워하지 않던 시절, 친척이나 친구들로부터 편모 가정 출신이라 뒤떨어진다는 수군거림을 들으며 멸시당할 필요가 없던 시절 말이에요. 초등학교 다닐 때 엄마가 시키는 대로 하지 않으면 매를 맞곤 했어요. 다 때리고 나서 엄마는 날 꺼안고 울며 이렇게 말했어요. **'편모 집안 자식이라고 손가락질을 받아서는 안 돼. 그러니까 더 열심히 해야 해.'** 그래서 노력하지 않을 수 없었고, 열심히 하지 않을 수 없었어요!"

지민은 웃는 표정으로 계속 눈물을 흘리면 모든 말을 쏟아냈다.

"아빠가 집에 계셨던 때로 돌아가고 싶어요. 그렇다고 어쩔 수 있겠어요? 내가 어떻게 멈출 수 있었겠어요?"

그렇다. 그렇다고 어쩔 수 있단 말인가! 우리 인생에는 어쩔 수 없는 일이 너무나 많다.

"어릴 때의 지민 씨는 멈출 수 없었겠지만 지금도 그런가요? 지금의 지민 씨는 뭘 더 증명해야 하죠? 그동안의 노력과 성과로 충분히 증명하지 않았나요?"

"안 돼요. 노력을 멈추면 아주 위험해질 거예요."

그녀의 단호한 말에 내가 조심스럽게 물었다.

"어떤 위험이 있는데요?"

지민에게 중요한 어떤 것, 그 뒤에 감춰진 두려움과 공포가 진정한 모습을 드러낼 것 같은 기분이었다.

"나도 아빠처럼 변하게 될 거예요. 아빠가 그랬듯이 쓸모없는 패배자가 되어 주변 사람에게 고통만 안겨줄 것 같아요."

그녀는 고통스러운 표정으로 이 말을 뱉어냈다.

아빠처럼 패배자가 될 수는 없어

지민의 어머니는 지민이 어릴 때부터 성격, 재능, 외모 등이 아버지와 닮았다고 강조해왔다. 어머니 말로는 그녀의 아버지는 재주가 뛰어나지만 이상만 추구하는 성격으로, 게으른데다 끈기가 없으며 아이처럼 책임을 회피하는 경향이 있다고 했다.

"열심히 노력하지 않고 자신에게 엄격하지 않으면 나중에 네 아빠처럼 될 거야. 재능이 있다고 무슨 소용이니? 결국 실패해서 일을 엉망진창으로 해놓고 남은 사람이 수습하게 만들었잖아."

지민의 어머니는 늘 이런 말로 딸을 상기시켰다. 그래서 지민의 머릿속에는 열심히 노력하지 않으면 실패해서 끔찍한 결과를 초래할 것이고, 아버지처럼 쓸모없는 사람이 될 것이라는 두려움이 있었다.

"넌 네 아빠를 정말 많이 닮았어. 제멋대로에 진지한 곳이라곤 찾아볼 수 없는 성격까지 말이다. 그러니 훈련으로 네 성격을 개조시켜야겠어."

어머니로부터 늘 이런 말을 듣고 자란 지민은 원래 무척 영리한 아이였다. 다만 고리타분한 규칙은 무시하고 성격도 덜렁거리는 편이었다. 그녀는 어머니의 혹독한 가르침 속에서 '아버지를 닮으면 실패할 것'이라는 경고를 늘 들으면서 자랐다. 그러다 보니 어머니의 가르침에 따르느라 전전긍긍하며 매사에 완벽함을 추구하는 모습으로 변한 것이다. **지민의 이런 모습은 어머니를 그대로 닮았다.**

엄마가 바라는 대로 나를 맞추다

"어렸을 때부터 아빠를 닮았다는 말이 마치 저주처럼 들렸어요. 아빠가 그랬듯이 주변 사람을 실망시키고 힘들게 하니까요. 그러면서도 사라진 아빠를 대신해 주변 사람을 만족시켜야 했죠. 지금 생각하면 등 뒤에서 계속 날 쫓아오며 멈추지 못하게 만든 건 아빠의 유령이었는지도 모르겠어요. 멈춰 서면 쫓아와 내 몸에 달라붙어서 나답지 않은 모습으로 만들어버리는, 그리고 결국 내 삶을 무너뜨리는 존재였죠. 하지만 멈추지 못하는 생활 방식은 저를 또 다른 모습으로 변화시켰어요. 원래의 모습은 이 세상에서 받아들여지지 않았죠. 그래서 살아남기 위해서는 원래의 자유분방한 모습을 버려야 한다는 게 신념으로 자리 잡았어요."

지민은 또 컵을 들어 물을 한 모금 마셨다.

"어차피 나는 많은 책임을 짊어지고 있었으니까요."

"어떤 책임인가요?"

"엄마의 인생을 멋지게 만들어줘야 하고, 아빠를 대신해 엄마에게 속죄해야 하고, 엄마의 미래를 책임져야 해요. 그래서 내 인생 전부를 바쳐 엄마가 원하는 미래를 완성해야 해요."

그녀는 아버지의 대리인, 엄마의 미래가 되어 한 걸음씩 나아가야 한다. 엄마가 가장 만족하고 원하는 방향으로 가야 아직 미완성인 미래를 완성할 수 있다. 그래서 나는 지민이 어머니를 언급할 때마다 필사적이고 선택의 여지가 없는 순교자 같다고 생각했다.

난 아빠를 닮았지만 엄마도 닮았어요

"지민 씨는 자신이 정말 아빠와 같다고 생각해요? 아빠와 다르다고 생각해본 적은 없나요?"

지민은 창밖을 바라보며 잠시 생각하다가 갑자기 두 눈을 빛냈다.

"지금 생각난 일이 하나 있어요. 전에 결혼을 앞두고 이사를 해야 해서 짐을 정리했었어요. 집 안 잡동사니 속에서 엄마의 젊은 시절 사진을 발견했죠. 열일고여덟 살 정도 됐을 때의 사진이었어요."

그러고는 갑자기 웃음을 터뜨렸다.

"와! 엄마는 거짓말 안 보태고 대학 시절의 저와 똑같이 생겼어요. 엄마한테 이렇게 말하고 싶었어요. 그동안 아빠 닮았다고 그러셨는데 이제 보니 난 엄마를 완전히 빼닮았다고 말이에요!"

밝게 웃으며 이야기하는 지민의 눈가에 눈물이 맺혀 있었다.

"선생님이 묻지 않았다면 나도 잊어버렸을 거예요. 그때 사진을 힐끗 보고는 별다른 생각이 들지 않았거든요. 단지 엄마 젊었을 때랑 닮았다는 생각만 했죠. 지금 생각하면 제 생김새가 아빠를 완전히 닮지는 않았어요. 엄마가 낳은 딸이니 엄마 닮은 부분도 있는 게 당연하겠죠."

완벽함은 그녀의 중요한 갑옷

"지금 그 일에 대해 얘기해보니 기분이 어때요?"

지민의 표정이 누그러지는 것을 보며 조심스럽게 물었다. 그러자 그녀는 아주 핵심적인 한마디를 했다.

"전 아빠도 닮았고 엄마도 닮았어요."

그녀가 고개를 들어 날 쳐다봤다.

"선생님이 보시기에 제가 부모님과 다른 길을 갈 수 있을 것 같나요?"

지민은 어린 소녀처럼 가련한 눈빛으로 나를 쳐다봤다. 처음 보는 그녀의 연약하면서도 진실한 모습이었다. 이것이 그녀의 진정한 내면의 모습, 또는 그녀 내면의 어린 지민이라는 생각이 들었다. 외부로 보여주는 완벽한 모습은 연약하고 어린 자신을 상처로부터 보호하고 삶을 지탱해주는 중요한 갑옷이다. 지민은 너무 일찍 강요된 어른이 되라는 요구 속에서 자신을 보호할 수밖에 없었다. 많은 사람을 만족시켜야 하는 감당하기 힘든 책임을 짊어지고 살아왔기 때문이다.

"부모님을 닮은 부분이 있겠지만 지민 씨는 어디까지나 지민 씨 자신이에요."

나는 지민을 진지하게 바라보며 말했다.

"부모님과 비슷한 특성을 지니고 있더라도 지민 씨 개인의 의지와 선택으로 그분들과 구별되는, 또 다른 인생을 살게 되는 거죠. **누구를 복제하지도 않았고 그럴 필요도 없어요. *지민 씨는 지민 씨 자신이에요.***"

내 이야기를 들은 지민은 양팔로 천천히 자신의 몸을 안더니 머리를 파묻고 통곡했다. 나는 그녀와 함께 눈물을 흘렸다. 이 눈물은 치유의 눈물이었다. 언젠가 지민은 이 저주에서 완전히 풀려날 것이고, 그때 **부모를 닮은 자신의 모습은 선물이 될 것이다.**

자식은 부모를 닮으면서도 그들에게 없는 부분이 있다. 굳이 아버지를 대신할 필요도 없고 어머니의 미래가 될 필요도 없다. 누군가를 위해 사는 인생이 아니라 자신의 만족을 위해 살아가야 한다. 지민의 미래를 진심으로 축복한다.

당신만을 위해 노력하라

"지난번 상담을 받고 나서 의욕이 생긴 것 같아요"

효민이 밝게 웃으며 말했다.

"취직하려고 면접 준비를 하고 있어요. 일을 너무 오래 쉬려니 그것도 힘들어서요. 꽤 여러 곳에 이력서를 보냈는데 아직 연락이 없네요. 그런데…… 얼마 전 어떤 일 때문에 과호흡과 짧은 공황발작을 겪었어요."

그녀는 손가락으로 소파에 동그라미를 그리기 시작했다.

"무슨 일이라도 있었어요?"

"얼마 전에 이력서를 제출하고 면접을 준비하면서 성형수술을 받기로 했어요.”

그녀는 쑥스럽다는 듯 웃었다.

“사실 성형수술을 자주 하는 편이에요. 머리부터 발끝까지 한 번씩은 손댔죠. 단순한 시술 정도가 아니라 때로는 비교적 큰 수술도 했어요. 눈 앞 트임 수술과 안면 윤곽 축소 수술까지 다 해봤어요.”

나는 고개를 끄덕이며 그녀의 아픔에 공감했다.

거울로 보니 언니를 너무 닮았어요

“이번에는 큰마음 먹고 코를 좀 높이기로 했어요. 오래전부터 하고 싶었거든요. 우리 식구들은 하나같이 그리스 사람들처럼 콧대가 높은데 유독 저만 들창코거든요. 그래서 집에서 쉬면서 면접을 준비하는 동안에 수술을 받기로 했죠. 그리고…… 수술을 받고 왔어요.”

“그래서 어떻게 되었죠?”

“그래서…….”

효민이 쓴웃음을 지었다.

“거울에 비친 내 모습을 바라보다가 갑자기 끔찍한 생각이 들었어요. 그 모습이 언니를 너무 닮아서 내가 아닌 것 같았거든요. 그렇게 생각하니 무슨 이유인지 숨이 차기 시작했고, 그러다 과호흡 증상이 나타나서 재빨리 응급실을 찾았어요.”

그녀의 눈시울이 붉어졌다.

자신이 한없이 비참하게 느껴졌다

"방금 얘기할 때 감정이 복받쳐 올라왔나요?"

나의 질문에 잠시 망설이던 효민이 고개를 끄덕였다.

"왜 그랬을까요?"

"모르겠어요. 그냥 슬퍼졌어요. 왠지 할머니가 생각났어요."

그녀의 눈에서 눈물이 뚝뚝 떨어졌다.

"할머니만 생각하면 더 슬퍼져요."

"누구 때문에 슬픈 것 같아요?"

효민은 자신이 왜 그렇게 슬퍼하는지 어렴풋이 느끼면서도 입 밖으로 말하기 어려운 것 같았다.

"저는…… 제 자신 때문에 정말 슬퍼요. 너무 슬퍼요."

그녀가 엉엉 소리 내어 울었다.

"거울을 봤는데, 거울에 비친 내 모습이 한없이 비참했어요. 가족이 원하는 모습으로 변하기 위해 그렇게나 노력했는데 뭘 위해서 그렇게 노력했을까? 아무도 나를 이 가족의 일원으로 생각하지 않는데, 나만 그들을 위해 나조차도 알아볼 수 없는 모습으로 변해버렸어요. 그런데도 그들은 여전히 날 받아들이지 않아요!"

효민은 계속 울었다.

"할머니만 날 사랑해줬는데 이젠 곁에 안 계세요. 할머니 마지막 가는 모습도 지켜드리지 못했는데, 이제는 나 자신마저 싫어하는 모습으로 변해버렸어요."

그녀는 상심과 분노를 함께 터뜨리고 있었다. 자신을 끊임없이 질책하고 자신에게 뭔가를 요구하는 사람들에 대해 분노하고, 그들로부터 인정받아야 하는 자신에 대해 상심하고 비애를 느낀다. 심지어 이런 자신에 대한 분노도 느낀다.

'다른 사람들의 사랑을 얻기 위해 외할머니를 버리고 자신을 버릴 수 있어? 어쩌면 그렇게 쓸모가 없니? 뭐가 그렇게 슬픈 거야?'

공황증은 자신을 일깨워주는 신호

분노, 슬픔, 무력감, 자기혐오가 뒤섞인 감정과 무력감이 자신을 괴롭힌다. 아픔이 너무 커서 그것을 삼키거나 마주할 방법이 없을 때, 때로 공황이나 불안, 과호흡, 우울증 같은 형식으로 자신을 옭아매서 꼼짝할 수 없게 만든다. 어쩌면 그것은 자기혐오를 받아들이지 못한 결과인지도 모른다.

하지만 그런 증세가 나를 사랑하는 일종의 저항 반응일 수도 있다고 생각한다. 내 몸과 정신이 내게 뭔가 일깨워주려는 것 같다. '사실 그렇게 애쓰지 않아도 된다.' 달리 생각하면 효민의 몸과 마음이 자신을 그렇게 학대하지 말라고 상기시키는 것은 아닐까? 이런 생각을 들려주자 효민이 멈칫했다.

"그동안 제가 공황증 스트레스 내성이 낮고 너무 나약해서 증세가 나타난다고 여겼어요. 그런 요소를 제거하지 않으면 내 생활에 지장을 줄뿐더러 엉망으로 만들 것 같았죠. 지금처럼 말이에요."

그녀가 나를 바라봤다.

"공황증이 내게 뭔가를 일깨워준다는 생각은 안 해봤어요."

그녀의 말을 듣고 나는 잠시 생각했다.

"효민 씨, 여기 있는 장식품과 인형을 봐주세요. 그중에서 효민 씨의 공황을 상징하는 걸 고른다면 어떤 것이 좋겠어요? 이름을 지어볼까요?"

그녀는 잠시 머뭇거리다가 환하게 웃는 동그란 분홍색 인형을 골랐다. 인형을 어루만지는 그녀의 눈에 눈물이 가득 고였다.

외할머니가 전하고 싶은 말

"이 인형을 선택했네요. 그게 효민 씨의 공황증을 상징하나요?"

효민은 고개를 끄덕였다가 이내 가로저었다.

"그런 것 같기도 하고, 아닌 것도 같아요."

"그것이 뭘 상징하는 것 같아요?"

"온화하게 웃는 모습이 꼭 할머니 같아요."

그녀는 눈물을 머금은 눈으로 웃었다.

"이상해요. 선생님은 분명히 공황증을 상징하는 걸 고르라고 했는데, 제가 선택한 인형은 할머니를 연상시키네요."

"효민 씨에게 그건 어떤 의미일까요?"

"너무 애쓰지 말라고 할머니가 이런 방식으로 내게 당부하는 건지 여쭤볼래요."

그녀는 인형을 양손으로 잡고 부드럽게 흔들었다. 자신의 감정을 억누르는 모습 같았다.

"다른 사람을 위해 노력할 필요가 없다는 말을 전하고 싶어요? 하지만 전 정말 할 수 있는데, 다른 사람을 위해 노력할 필요가 없다고요?"

그 옆에서 나도 눈시울이 붉어졌다.

"할머니가 어떻게 대답하실까요?"

그녀는 인형을 보며 부드럽게 어루만지더니 잠시 후 내게 미소를 보였다.

"할머니가 '너 자신을 위해 노력하렴. 내가 널 지켜줄게'라고 말씀하실 것 같아요."

널 지켜줄게. 네 자신의 모습을 되찾고 진정한 네 모습을 사랑할 때까지. 그게 너의 가장 아름다운 모습이란다.

단지 지는 게 싫었을 뿐

대를 이어 내려온 비밀

지난번 상담을 마친 후 명훈은 몇 주 동안 상담을 쉬겠다고 했다. 그러고는 한 달 후에 갑자기 시간 예약을 했고, 당일에 십 분 일찍 상담실에 나타났다. 상담실 안으로 들어가니 명훈이 소파에 앉아 뭔가 생각하는 표정으로 핸드폰을 들여다보고 있었다. 표정이 너무 복잡해서 어떤 기분인지 알 수 없었다. 후에 다시 생각해봐도 당시 명훈의 기분은 참으로 미묘하고 복잡해서 묘사하기가 어렵다.

"안녕하세요?"

나는 자리에 앉으며 인사를 건넸다.

"안녕하세요? 오랜만에 뵙네요"

명훈은 마지못해 웃는 표정을 지었다. 먹기 싫은 음식을 억지로 삼킨 것 같은 얼굴이었지만, 억지로라도 무례함을 잃지 않은 미소로 '난 괜찮아요'라고 말하는 표정이었다. 나는 그가 먼저 입을 열기를 기다리며 잠자코 그에게 시선을 고정하고 있었다. 잠시 후 그가 심호흡을 하고는 입을 열었다.

"얼마 전 미국에 사는 고모가 잠깐 방문했어요. 제가 형에 관해 알아보고 다녔다는 말을 작은아버지로부터 듣고 연락을 해오셨어요. 그리고 모든 것을 얘기해주셨죠."

명훈이 매우 복잡한 표정을 지어 보였다. 가정사에 관해 그가 먼저 얘기를 꺼낸 건 이번이 처음이었다.

말할 수 없는 가족의 비밀

명훈은 지역 유지 집안 출신으로, 그의 할아버지는 사업을 일궈 자수성가한 분이었다. 할머니는 고모를 낳은 후 얼마 지나지 않아 세상을 떠났고, 할아버지는 명훈의 큰아버지, 아버지, 작은아버지, 고모, 이렇게 네 자녀를 거의 혼자서 키웠다. 할아버지는 자녀 중 장남인 큰아버지를 가장 아꼈으며 그에게 거는 기대도 가장 컸다. 큰아버지는 어릴 때부터 영리했고 외모도 출중했다. 할아버지는 자신을 가장 많이 닮은 장남에게 가업을 물려줄 생각이었다.

큰아버지는 대만국립대학에 입학한 첫해에 외국 유학을 신청하여 여름방학 때 떠날 예정이었다. 출국을 앞두고 친구와 함께 물놀

이를 갔다가 안타깝게도 큰 파도에 휩쓸려 목숨을 잃었다. 할아버지는 무척 비통해하며 큰아들과 여섯 살 터울인 둘째, 즉 명훈의 아버지에게 모든 기대를 걸었다. 하지만 할아버지의 눈에 명훈의 아버지는 모든 면에서 죽은 장남만큼 눈에 차지 않았다. 그는 큰아버지처럼 똑똑하지도 않았고 적극적이지도 않았다. 할아버지는 둘째 아들의 성격이 제 엄마를 닮아 나약하다고 여겼다. 명훈의 아버지는 큰 기대를 한 몸에 받았지만 늘 비교당하고 못마땅해하는 눈길 속에서 힘들게 성장했다.

할아버지로서는 명훈의 아버지에게 회사를 물려주는 것 말고 다른 선택이 없었다. 그런데 명훈의 아버지가 회사에서 경리 일을 보던 명훈의 어머니를 만났고 얼마 후 둘은 결혼했다. 할아버지는 노발대발하며 둘의 결혼을 반대했다. 명훈의 어머니가 고아로 보육원에서 자랐다는 것이 그 이유였다. 할아버지는 자기 아들과 결혼하기에는 며느리 자리의 집안 형편이 너무 기운다는 생각에 한동안 명훈의 아버지도 냉담하게 대했다.

결혼 후에도 할아버지는 명훈의 어머니를 며느리로 인정하지 않고, 집안 심부름꾼으로 대했다. 하지만 명훈의 형이 태어나면서 이러한 상황은 반전을 맞이한다. 갓 태어난 명훈의 형이 세상을 떠난 큰아버지의 아기 때 모습과 너무나 닮았기 때문이다. 이런 이유로 할아버지는 장남에 대한 회한과 미처 못 쏟은 사랑을 명훈의 형에게 쏟았다. 명호라는 이름까지 직접 지어줬는데, 죽은 큰아버지의 이름에도 '호' 자가 들어 있었다. 심지어 집안사람들에게 "명호는 내 자식"이라고 말할 정도였다.

그런데 이 말이 사람들 입으로 전해지면서 무슨 이유에선지 의미가 변질되었다. 대가족인 할아버지 댁은 자녀가 결혼하여 그 자식을 낳은 후에도 함께 모여 살았다. 당시 할아버지가 명훈의 어머니를 며느리로 인정하지 않았기 때문에 다른 가족도 명훈의 어머니를 집안일 보는 하녀쯤으로 대하며 무시했다. 그런데 할아버지가 명호를 애지중지하면서부터 며느리를 대하는 태도도 바뀌었다. 게다가 명호가 자신의 아이라고 말하고 다니기까지 한 것이다.

사람들은 명훈의 아버지가 회사 경영권을 손에 넣기 위해 아내를 할아버지와 동침시켰고, 그렇게 해서 명호를 낳았을 거라고 추측했다. 그래서 할아버지가 명호를 그토록 아낀다는 것이다. **이 말도 안 되는 괴소문은 막연한 짐작에서 시작해 '카더라'를 거쳐 마지막에는 사실로 굳어져버렸다.** 그 괴소문은 발설하면 안 되는 가족의 비밀이 되었다. 나중에는 명훈의 아버지조차 자기 아내가 시아버지와 바람을 피웠다고 의심할 정도였다. 하지만 감히 묻거나 언급하지는 않았다.

명호는 아홉 살이 되던 해에 불행하게도 선천성 심장병으로 죽었다. 이 일로 할아버지는 큰 충격을 받았고, 그 후 얼마 지나지 않아 숨을 거뒀다. 뒤를 이어 회사를 물려받은 명훈의 아버지는 사업에 대한 압박감에다 오랫동안 아내를 의심하고 냉대한 일까지 겹쳐 늘 술에 절어 살았다. 그러던 어느 날 술을 마신 명훈의 아버지가 아내와 잠자리를 가졌고, 그날 아내는 명훈을 임신한다. 그리고 명훈이 태어난 후 부부 관계가 회복되는 듯 보였다.

명훈의 부모는 할아버지와 큰아들인 명호 간의 모든 일과 기억을 암묵적으로 봉인했다. 그들의 삶에 그토록 큰 영향을 끼쳤던 과거를 없는 일로 여기고 살았다. 두 사람은 죽은 명호가 누구의 아이인지 입에 올린 적이 없었다. 명훈의 아버지는 평생 의혹을 품은 채 살아가다가 훗날 심장병으로 세상을 떠났다.

명훈의 아버지가 알코올의존증에 걸린 후 할아버지가 남긴 회사는 경영에 어려움을 겪었고, 아버지는 결국 회사를 정리해버렸다. 당시 미국에서 공부하고 있었던 명훈은 어려워진 가정 형편으로 아르바이트를 하고 장학금을 신청하며 악착같이 버텼다. 학교 졸업 후 그곳에서 직장을 얻은 명훈은 서른이 넘어서 대만 지사로 발령을 받아 자신이 어린 시절 성장한 땅으로 돌아오게 된다.

명훈은 가족의 과거에 대해 거의 알지 못했다. 그가 태어났을 때 할아버지는 오래전에 돌아가셨기 때문이다. 아들을 중시하는 집안 분위기 탓에 늘 찬밥 신세였던 고모가 명훈 어머니와 가깝게 지냈고, 따라서 그간의 사정을 잘 알고 있던 고모가 명훈에게 말해주었다.

그들과 다르게 난 성공할 거야

"고모님의 말씀을 듣고 심정이 복잡했겠네요?"

명훈에게 고모의 이야기를 전해 들은 나는 그의 표정을 살피며 조심스럽게 물었다.

"어렸을 때는 아버지의 무너지는 모습이 싫었어요. 늘 술을 마시고 자신이 주변인에 불과하다며 푸념했어요. 어머니도 마찬가지였죠. 삼촌과 숙모 들에게 평생 저자세로 쩔쩔매는데 그런 어머니를 아버지는 보호해주지도 못했어요. 저는 아버지의 못난 모습이 싫었고 어머니의 기죽은 모습도 지겨웠어요. 그래서 부모님처럼 평생 남의 눈치나 보는 패배자로 살지 않겠다고 결심했죠. 나는 반드시 성공하겠다. 내가 능력 있으면 사람들이 무시하지 못할 테니 부모님과 같은 일을 겪을 필요가 없다고 여겼죠."

명훈은 이 말을 하는 내내 나와 눈을 마주치지 않았다. 자신의 초라한 과거와 비밀스러운 가정사, 어두운 그늘만 드리워진 지난날과 정서를 설명하는 게 쉬운 일은 아니었을 터다.

"고모의 말을 듣고 그날 밤 꿈을 꿨어요. 꿈속에서 내가 방에 들어가니 할아버지가 아버지를 계속 때리며 '이 쓸모없는 못난 녀석 같으니'라고 하셨어요. 어머니는 다른 방에 계셨는데, 사람들이 어머니를 비웃으며 물건을 던지고 있었어요. 제가 '안 돼!'라고 외쳤던 것 같아요. 잠에서 깨어나 보니 울고 있더군요."

명훈이 자조 섞인 웃음을 보였다.

"문득 오랫동안 울 일이 없었다는 생각이 들었어요."

세대를 이어 전해진 신념

"그 꿈이 말해주는 게 뭐라고 생각하세요?"

"나는 부모님의 열등감을 물려받았고, 어릴 때부터 아버지의 기대를 안고 지금의 모습으로 성장했다는 말 같아요."

명훈의 아버지는 아들일 때나 남편일 때, 그리고 아버지가 되어서도 항상 주변 사람들에게 실망을 안겼다. 할아버지를 실망시켰고, 사업도 성공하지 못했으며, 형제와 자식들에게 존경을 받지도 못했으며 아내를 보호하지도 못했다. 자신의 역할을 제대로 못 하고 엉망진창인 삶을 사는 아버지를 지켜보면서 명훈은 그렇게 살아서는 안 되겠다고 다짐했다. 반드시 성공해야만 이 모든 것에서 벗어날 수 있었으며, 그래야 자신에게 소중한 사람들을 지켜줄 수 있었다.

아버지가 주변의 높은 기대와 기준을 충족시킬 수 없었을 때 가장 실망한 사람은 할아버지, 어머니, 주변 사람이 아니라 아버지 자신이었다는 사실을 명훈은 알 수 있었다. 지나치게 높은 기대가 무너지는 순간 그 실망감은 더욱 견디기 힘들다. 압박감에 짓눌린 아버지는 그 짐을 감당할 힘이 없었기 때문에 술을 마시며 현실도피를 택함으로써 자기 비하의 정서에서 벗어나려 했다.

명훈의 아버지는 그림자처럼 자신을 따라다니는 벗어날 수 없는 수치스러운 감정도 술의 힘으로 마비시켰다. 주어진 그런 기준들,

'나는 결코 해낼 수 없다'는 수치스러움, '성공해야 하고 똑똑하며 능력이 있어야 가치 있다'는 신념은 명훈의 큰아버지, 아버지, 형을 통해 대를 이어가며 자신에게 전해진 것이다.

많은 일을 하는 건 두려움 때문

"그러니까 **성공을 향한 명훈 씨의 집착은 자신의 필요에서 비롯된 것이 아니라 가족의 기대에 부응해** 아버지가 못다 한 일을 수행하며 아버지를 능가하고, **더 나아가 이런 방식으로 주변의 중요한 사람을 지켜주겠다는 생각에서 비롯**되었군요."

내 말에 명훈이 잠시 멈칫했다.

"선생님 말씀의 의미는 열심히 노력하고 많은 시간을 들여 일하는 추진력은 알고 보면 내가 정말 원해서가 아니라 다른 사람을 위해서라는 건가요? 근데 선생님 말씀이 맞는 것 같네요. 내가 하고 싶어서가 아니라 두려워서 많은 일을 한다는 것을 깨달았네요."

그렇다. 그래서 자신이 하는 일들이 한 번도 자신을 위해서가 아니었음을 깨닫는다.

"그런 목표를 달성하지 못했을 때 두려운 건 뭔가요?"

"다른 사람들의 눈에 쓸모없는 사람, 이 세상에 살아 있을 자격이 없는 사람으로 비치는 게 두려워요. 그런 비난과 수군거림도 싫고요. 주변의 비웃음과 연민의 눈길이 두려웠고, 나 자신이 가엾게 느껴져요. **내가 형편없는 인간이면 엄마를 지켜줄 수 없으니까요.** 아버지가 그랬듯이 말입니다.”

명훈의 눈가에 이슬이 맺히기 시작했다. 그는 아무것도 아니라는 듯 재빨리 고개를 들었다.

하지만 이는 결코 ‘아무것도 아닌’ 사소한 문제가 아니다. 승승장구해야 살아남을 수 있다는 생각, 나약함과 두려움은 혼자 힘으로 감당하는 힘든 일이다.

“이런 두려움을 토로한다는 건 쉬운 일이 아니에요. 지금 명훈 씨를 두렵게 하는 뭔가 있는 것 같네요.”

나는 그를 바라보며 말을 이었다.

“이런 기분을 내비치면 감당이 안 될까 봐 두려운 건 아닐까요? **그동안 열심히 노력했지만 늘 혼자였으니까요.**”

내 말을 듣고 명훈은 갑자기 얼굴을 양손에 파묻었다. 자신의 정서를 억누르느라 몸을 떨고 있었다.

“난 그저 살아가고 싶을 뿐인데……. 가끔은 정말 지치네요.”

그 결과, 오래 견뎌왔던 것들이 갑자기 견딜 수 없게 되었다. 오랫동안 썼던 가면이 갑자기 찢어져버렸고, 그 차가운 가면의 파편이 뜨거운 눈물로 변해 명훈의 양손 틈으로 한 방울씩 떨어졌다.

명훈이 흘린 눈물은 마음속으로도 떨어졌다. **마음속 빙산이 녹은 후 드러난 것은 줄곧 감춰왔던 상처와 연약함이었다.** 또한 한 인간으로서 지닌 가장 소중하고 진실한 감정이기도 하다. 그리고 마침내 우리는 노력하는 자신에게 약간의 이해와 사랑을 전해줄 수 있었다.

지난번 준표와 상담을 한 후 두 주가 지났다. 그는 언제나처럼 오분 일찍 상담실에 도착했다. 병원 일을 마치고 곧바로 달려왔는지 조금 피곤해 보였다.

"이게 무슨 일인지 여쭤보고 싶어요."

내가 자리에 앉자마자 준표가 입을 열었다. 틀림없이 무슨 일이 생겼나 보다. 그게 아니라면 자신에 대한 탐색을 시작했거나 자신에게 흥미가 생겼는지도 모르겠다. 나는 미소 띤 얼굴로 고개를 끄덕이면서 그의 얘기를 재촉했다.

"같은 과에 저와 가깝게 지내는 동창이 있어요. 우린 둘 다 성품이 온화해서 사람 좋다는 평을 들었죠. 문제는 그 친구가 항상 점잖은데 반해, 저는 일이 안 풀릴 때마다 다른 사람으로 변한다는 겁니다."

그는 자조 섞인 웃음을 지었다.

"얼마 전 직장에서 그 친구와 몇 차례 충돌이 있었어요. 그러고 나서 우연히 화장실에서 마주쳤는데 그 친구가 머뭇거리며 다가와서는 말을 걸더라고요. 첫마디가 '너 요즘 무슨 일 있냐?'였어요."

여기까지 말하고는 나를 힐끗 보더니 쓸쓸하게 웃었다.

아버지를 안 닮으려 노력했는데

말을 이어가려니 쉽게 입이 떨어지지 않는 준표의 고충이 느껴졌다. 그는 눈빛으로 나의 격려를 구했고 나는 고개를 끄덕였다.

"그래서 어떻게 됐어요?"

"그 친구가 말을 마치기도 전에 대뜸 이렇게 대꾸했죠. '내가 어때서? 어디가 어떻다는 거야? 너희가 온갖 골치 아픈 일은 다 나한테 떠맡겨서 날마다 바쁘게 만들어놓고는 이제 와서 날 탓하는 거야? 무슨 일 있느냐고? 모든 게 내 잘못이란 말이야?' 이렇게 소리를 한참 지르다가 갑자기 멈췄어요."

나는 준표의 얼굴에 시선을 고정하고 그의 말에 집중했다.

"그 순간 옆에 있는 거울을 봤는데 짜증을 폭발하는 제 모습이 영락없는 아버지였어요."

어느새 그의 얼굴에서 억지 미소가 사라져버렸다. 그는 갑자기 울먹이며 같은 말을 되풀이했다.

"거울 속의 내가 아버지처럼 끔찍해 보였어요. 어떻게 이럴 수 있죠? 그렇게 노력했는데 왜 아버지처럼 변한 거냐고요!"

"그건 정말 받아들이기 힘들었겠네요."

나는 준표의 얼굴에서 눈을 떼지 않고 그의 감정선을 따라갔다. 갑자기 그가 울음을 터뜨렸다. 그러고는 겨우 울음을 참는가 싶더니 얼마 안 가 다시 터져버렸다. 마치 봇물 터지듯 눈물을 쏟아내며 아이처럼 엉엉 울었다. 오래전부터 준표는 아버지처럼 자신도 남을 대할 때마다 폭력적이고 거친 성미를 부릴지도 모른다는 두려움을 느꼈다. 이런 두려움과 수치심으로 말미암아 그는 무골호인無骨好人이 되어 자신의 감정을 통제해야 한다는 강박관념을 갖게 되었다.

준표는 아버지의 기준에 맞추기 위해 노력함으로써 자신은 아버지의 그늘에서 생존할 수 있었다. 또한 능력을 키워서 언젠가 아버지의 통제에 대한 두려움에서 벗어나겠다는 결심을 해왔다. 그런데 그토록 노력해왔으나 결국 아버지처럼 화를 참지 못하고 주변 사람에게 상처를 준 것이다. 모든 노력이 한순간에 물거품이 되어버렸다. 그것은 깊은 무력감이었다.

수치스러움을 해결할 수 없을 때

의사가 된 후 화를 자주 냈던 게 이 '무력감'에 사로잡히는 원인이 될 수 있지만, 단시간 내에 많은 일을 해내야 하는 바쁜 일과도 원인일 수 있다. 자신의 노력으로 타인의 요구를 충족시키며 살아온 준표는 갑자기 늘어난 요구에 직면하면서 현실적으로 그것을 일일이 다 맞춰줄 수 없음을 깨달았다.

육체적으로나 정신적으로 극도로 지쳐 있는 상태에서 타인의 실망감은 물론이고, 자신에게도 크게 실망한다. 인생의 모든 것을 통제할 수 없다는 무력감이 깊어지고, 이런 무력감은 자기혐오와 부정으로 이어진다. 그리고 결국 자신이 무능력하고 쓸모없다는 수치스러움에 사로잡히게 된다. **이런 수치스러움을 해소할 방법이 없을 때**

우리는 이를 외부 환경이나 다른 사람의 탓으로 돌리는 경향이 있다. 나를 이토록 무기력하고 쓸모없는 모습으로 만들었다고 타인에게 화를 내고 그들을 탓한다. 그러나 다른 사람을 비난하는 순간에도 마음 한구석에는 '내가 못나서 이런 일도 처리 못 한다'는 회의감이 자리한다.

수치스러움과 자제력 상실을 분노로 감춘다

그러나 이런 생각을 직시하는 게 쉽지 않다. 준표가 어릴 때부터 '모든 일을 해내야 하고, 잘해야 한다', '해내지 못하면 못난 사람', '쓸모 있는 사람이 되어야 한다'는 생존 전략이 강조되어 왔다. 그런데 현실적으로 일이 너무 많고 어렵다는 이유로 '내가 못나서 이런 일도 해결하지 못하는 건 아닌가' 하는 회의를 느낀 것이다. 이런 식의 수치스러움과 생존의 초조함은 거대한 압박감으로 작용한다.

특히 경쟁이 치열한 환경에서 '만능'을 요구받는 의사인 준표가 능력의 한계로 주어진 일을 수행할 수 없을 때 느끼는 상실감과 초조함과 수치스러움은 그를 짓누른다. 대다수 사람, 특히 남자의 경우 이토록 강한 능력 상실이나 통제력 상실의 기분을 직시하기란 무척 두려운 일이며, 심한 열등감과 자기혐오를 유발하기 쉽다. **왜냐하면 어릴 때부터 자신을 이해하고 그런 감정을 받아들이면서 해소하는 방법을 배운 남자가 많지 않기 때문이다.** 따라서 불안, 초조, 자기혐오, 수치심 같은 복잡한 감정들이 하나로 얽혀 분노로 폭발되기 쉽다.

특히 능력 상실이나 통제력 상실에 따른 분노는 그 자리에 있는 사람 전체를 통제할 수 있는 강력한 감정 표출 방식이다. 따라서 분노는 똑바로 직시하기 어려운 복잡한 감정, 수치심이나 콤플렉스를 은폐하기 위해 가장 많이 사용된다. 자신이 처한 환경이나 다른 사람을 비난하기 위해 사용되는 '분노'는 특정 사람에게는 훨씬 더 유용한 '방어기제'로 작용한다. **자신의 수치심을 직시하지 않아도 되고 남에게 그 원인을 돌려버릴 수 있으며,** 타인을 탓하고 나면 자기 기분이 훨씬 나아지기 때문이다.

따라서 외부에 표출하는 분노는 알고 보면 소화하거나 인정하기 어려운 내면의 거대한 좌절과 상처로 발생하는 것일 때가 많다. '설마 내가 그렇게 무능하고 쓸모없는 사람이란 말인가? 내가 정말 그렇게 형편없단 말인가?' 이런 생각은 정말 두려워서 인정하고 받아들이기 힘들다. 억지로 받아들이면 자신의 인생이 작동하지 않을 수 있다. 준표가 바로 이런 경우라고 생각한다.

내게 불만이 가장 큰 사람은 바로 나

그러나 무능한 느낌을 외부로 돌리고 타인을 탓하는 순간에도 준표는 여전히 자신이 혐오스럽다. 아버지의 분노로 깊은 상처를 받고 육체적으로나 정신적으로 극도의 트라우마를 입었던 자신이 아버지와 비슷한 짓을 저질러서 사람들에게 상처를 입혔기 때문이다. 그런 자신을 도저히 용서할 수 없는 준표는 자신에 대한 비난과 타인을 탓하는 행동 사이에서 흔들리고 있다.

　어느 쪽에 있어도 자신이 잘했다는 생각이 들지 않고 그런 자신을 받아들일 수도 없었다. 따라서 참을 수 없는 거대한 분노가 환경과 타인을 탓하기보다는 무능한 자신을 향하게 된 것이다. 즉 별것도 아닌 일은 가볍게 처리하고 사람들에게 날마다 미소로 대함으로써 누구나 편안하게 다가갈 수 있는 사람이 되지 못한 자신을 향한 분노였다.

　준표에게 불만이 가장 큰 사람은 남이 아니라 바로 자기 자신이다. 그가 탈피하고 싶은 것은 비단 이 환경만이 아니다. 못나고 완벽하지 못하며, 모든 사람을 만족시키고 즐겁게 만들지 못하는 자신이기도 하다.

　그러나 이렇게 힘든 환경 속에서 모든 것을 완벽하게 처리하기를 바라는 것은 무리한 주문이다.

　"아버지와 같은 행동을 하는 자신의 모습을 보는 게 견디기 힘들었을 거예요. 어쨌거나 준표 씨가 오랫동안 열심히 노력한 것도 아버지와는 다른 모습으로, 아버지의 통제와 영향권에서 벗어나 자신의 삶을 살고 싶어서였잖아요. 그런데 이번 일로 큰 좌절감에, 심지어 무력감도 느꼈을 거예요"

　내 말에 준표가 고개를 끄덕였다.

　"그런데 그 분노가 스스로 세워놓은 높은 기준과 관련되었을 가능성은 없을까요?"

"무슨 말인가요?"

준표가 곤혹스러운 표정을 지었다.

"준표 씨는 누구에게 분노하고 있다고 생각해요?"

내 질문에 준표는 눈살을 찌푸렸다.

"그런 건 생각해본 적이 없어요"

짧은 침묵이 흐른 후 준표가 입을 열었다.

"처음엔 사람들이 날 힘들게 하고, 날 무능하게 볼 거란 생각에 화가 났어요. 그런데 지금은 내가 처한 환경에 대해 분노하고 있다는 생각도 들어요. 의료 환경이 열악하고 행정 체계가 지나치게 관료적이어서 임상의 최전선에서 일하는 사람들의 고충을 몰라주기 때문에 우리가 이렇게 고생한다는 생각이 들어요. 하지만……."

준표는 나를 바라보며 더 말하려다가 입을 다물었다.

자신을 향한 분노가 가장 크다

나는 미소로 그의 시선에 답하며 고개를 끄덕였다.

"하지만 나 자신에게 화가 났을지도 모른다는 걸 깨달았어요."

준표가 고개를 들어 나를 바라보았다.

"방금 생각하다가…… 갑자기 마음속에 뭔가 툭 하고 떨어지는 느낌이 들었어요. 그동안 지속되던 짜증과 분노가 누그러진 것 같아요. 그런데 갑자기 서글퍼졌어요."

준표의 눈가가 서서히 붉어졌다.

"나도 모르겠어요. 왜 나 자신에게 화가 나는지, 왜 서글퍼지는지 모르겠어요."

나는 아무 말 없이 그의 감정에 공감하며 곁을 지켰다. 잠시 후 그의 표정에 약간의 변화가 보였다.

"지금은 기분이 어때요?"

"무척 서글프네요. 왜 나는 이 정도 능력밖에 안 될까? 왜 일을 제대로 해내지 못해서 사람들을 실망시켰을까?"

준표가 고개를 떨궜다.

"나는 왜 더 노력하지 않았을까? 왜 난 완벽하지 못할까?"

평소 마음속에서 자신을 향해 속삭이던 목소리를 그는 마침내 찾아냈다. 자신에게 요구하는 목소리, 자신을 향한 의혹과 질책을 발견한 것이다.

"알고 보니 나 자신에게 화가 나 있었어요. 능력이 부족한 자신에게 화가 났어요. 내가 일을 제대로 해내지 못한다는 사실을 알고 나니 서글프기도 해요."

준표의 붉어진 눈가에서 눈물방울이 또르르 굴러떨어졌다.

"그 눈물이 준표 씨에게 무슨 말을 하는 것 같아요?"

나는 부드럽게 물었다.

"모르겠어요. 내가 쓸모없는 존재라 창피해요. 하지만 나 자신이 가엾기도 해요."

준표가 양손으로 얼굴을 감싸는 바람에 그의 목소리는 손가락 사이로 새어 나왔다.

"난…… 그동안 정말 노력했는데, 왜 아직도 부족할까요?"

"방금 누구에게 한 말이죠?"

"아버지께요."

준표는 불쑥 이렇게 대답하고는 잠시 멈췄다.

"그리고…… 나 자신에게도 했죠."

난 열심히 노력했는데 왜 아직도 부족할까? 하지만 난 이미 너무 지쳤어. 준표의 모습을 보고 있자니 좋은 아이디어가 떠올랐다. 나는 등받이가 없는 작은 의자 두 개를 가져다 놓고 준표에게 아버지와 그의 역할을 할 의자를 선택하게 했다. 준표의 선택이 끝난 후, 그에게 '아버지를 상징하는 의자'와 '자신을 상징하는 의자'를 놔둘 위치를 정하게 했다. 그는 '아버지를 상징하는 의자'를 문 입구에, '자신을 상징하는 의자'를 나와 가까운 곳에 놓았다. 대략 다섯 걸음 떨어진 곳이었다.

나는 준표에게 '자신을 상징하는 의자'에 앉아 기분을 느껴보도록 했다.

"아버지와 멀리 떨어져 앉아 있는 기분이 어때요?"

"안전해요."

준표가 대답했다.

"조금 떨어져서 바라보는 아버지는 어떤 모습이죠?"

"그렇게 무섭지는 않아요. 아빠는 언제 어디서나 교장 선생님답게 훌륭한 모습이거든요."

그러고는 준표가 조용히 말을 이었다.

"그래서 나도 그런 아빠의 아들답게 훌륭한 모습이어야 해요."

"'아빠의 아들답게'라는 말은 무슨 뜻이죠?"

나는 준표가 평소와는 달리 어린 소년으로 변한 것을 느꼈다.

"아빠 체면을 깎지 않아야 날 귀여워할 테니까요."

준표의 눈에 눈물이 가득 고였다.

"정말 아빠가 귀여워해줬으면 좋겠어요?"

나의 나지막한 물음에 준표가 고개를 끄덕였다.

"나는 비행기를 구경하는 걸 좋아했어요. 한번은 휴일에 아빠가 비행기를 보여준다고 공항으로 데려가주셨어요. 그날 아빠와 단둘이 갔는데 아빠는 날 아이스크림 가게에도 데리고 갔어요. 그러면서 이건 '남자들만의 시간이야'라고 하셨어요."

준표가 천진난만하게 웃었다. 그렇게 웃는 모습은 처음이었다.

"그 당시 몇 살이었어요?"

"다섯 살이요."

"그럼 지금은 몇 살이죠?"

나는 바닥에 쪼그리고 앉아 작은 의자에 앉은 준표를 올려다보았다. 깜짝 놀란 그는 다시 나이를 생각했다.

"아홉 살이요."

준표의 눈가가 다시 빨개졌다.

아버지의 체벌

"지금은 아빠와 뭘 하고 있어요?"

"첫 시험에서 백 점을 못 받았다고 아버지가 책으로 때렸어요. 그리고 불도 켜지 않은 작은 방에 가두고는 반성하라고 하세요."

준표는 울음을 터뜨리더니 그치지 않았다.

"너무 무서워요. 아무도 날 구해주지 않아요."

"그럼 어떻게 하죠? 나중엔 어떻게 견뎠나요?"

"나는 무섭지 않아! 하나도 무섭지 않아! 다음 시험을 잘 보면 이런 벌을 받지 않을 거야."

준표는 눈물을 계속 흘렸다.

"하지만 그래도 무서워요. 그리고 슬퍼요."

"왜 슬플까요?"

"아버지, 나한테 왜 이러세요? 날 제일 귀여워하셨잖아요?"

준표의 울음이 계속되었다.

"왜? 왜 날 이렇게 괴롭히세요?"

너무 아파서 감정의 문을 닫아걸었다

가장 존경하고 사랑하는 사람이 자신을 해치는 가장 두려운 사람으로 변했다. 마음 깊은 곳 안전한 성벽이 무너져 내리면서 사람에 대한 신뢰가 사라졌다. 남은 것은 타인과 자아에 대한 의심뿐이다. 너무 아파서 감정의 문을 닫아걸어야 했다. 준표의 기분이 서서히 진정되자 내가 물었다.

"아버지께 이렇게 말씀드리면 무슨 대답이 돌아올 것 같아요?"

"다 너 잘되라고 그랬지. 내가 엄하게 하지 않으면 넌 장차 쓸모없는 사람이 될 거야'라고 하실 것 같아요."

준표가 한숨을 쉬었다.

"그 말씀에 동의하세요?"

지금의 준표는 나이를 좀 더 먹은 상태다.

"동의하지 않아요."

준표가 고개를 저었다.

"그때부터 준표 씨는 아버지의 생각에 의혹을 품고 동의하지 않았군요. 그렇다면 지금의 준표 씨는 몇 살이에요?"

준표가 멈칫하더니 고개를 갸우뚱하며 생각한다.

"대략 고등학교를 다닐 때군요."

"준표 씨는 다 자랐으니 자기 의견이 있겠죠. 이때의 준표 씨는 이미 아버지의 독단과 학대로부터 자신을 보호할 힘이 생긴 거네요. 그렇죠?"

준표가 고개를 끄덕였다.

"의자를 좀 더 가까이 당기고 하고 싶은 말을 아버지에게 분명히 들려드리겠어요?"

준표가 몸을 일으켜 의자를 한두 걸음 정도 당겼다. 조금 전보다 절반을 좁힌 거리였다.

"여기서 아버지를 바라보니 어떤 모습인가요?"

"무척 독단적이셔서 자신이 모두 옳다고 생각하는 모습이에요. 하지만 조금은 외로워 보여요."

준표는 빈 의자를 보고 갑자기 입을 다물었다.

"뭐 생각나는 일이라도 있어요?"

"어느 날 한밤중에 화장실에 가려고 거실을 지나갔는데, 아버지께서 비디오 영상을 보고 계셨어요. 영상 속에는 한두 살 때의 내가 있었어요."

나는 말없이 준표를 향해 고개를 끄덕였다.

"참 이상하다고 생각하면서도 한편으론 가슴 한구석이 시큰해졌어요."

준표의 표정에는 생기가 돌았지만 목소리는 여전히 잠겨 있었다.

"그날 낮에 대학 학과를 정하는 일로 아버지와 한바탕했거든요. '왜 그렇게 의사를 고집하세요? 난 의대에 안 갈 거라고요!' 내가 이렇게 소리를 지르니까 아버지께서 대뜸 따귀를 세게 올려붙였어요. 너무 발끈해서 하마터면 아버지께 힘으로 대들 뻔했어요. 아무튼 나중에는 내가 악담을 퍼부었죠. '아버지 자식은 정말 재수 옴 붙었어요!' 하고 말이에요."

준표가 갑자기 웃음을 터뜨렸다.

"그런데 바로 그날, 아버지께서 한밤중에 비디오를 보며 아기 때의 나를 그리워하신다는 게 참으로 황당한 장면 아닌가요?"

"그게 무슨 말이죠?"

"아버지는 지금의 나와 지내는 방법을 몰라요. 말 잘 듣고 '아빠! 아빠!' 하며 아버지 뒤만 졸졸 따라다니던 어린 시절의 내가 그리운 거죠."

준표가 이를 악물며 대답했다.

"어쩌면 준표 씨 아버지가 그리워하는 대상도 그때의 자신이 아닐까요? 아들과 압박감 없이 잘 지낼 수 있고, 아들이 건강하게 뛰노는 것으로 족했던 그때의 자신으로 말이에요."

나의 말에 준표는 아무 대꾸도 하지 않았다.

왜 나를 인정하지 않으실까

"아버지에게 하고 싶은 말은 없나요?"

"제 선택을 존중해주셨으면 좋겠어요. 성공하지 않으면 쓸모없다는 말씀만 하시지 말고요."

준표의 말에 오열이 섞여 있었다.

"이제부터 하는 말은 정말 중요하니까 아버지께서 잘 들으실 수 있게 의자를 좀 더 가까이 당겨 앉아볼까요?"

준표는 잠시 망설이는가 싶더니 천천히 몸을 일으켰다. 아버지의 의자에서 한 걸음 정도 떨어진 위치로 자신의 의자를 당겨 앉았다.

"자, 이제 준표 씨는 몇 살이죠?"

"현재 나이로 돌아왔네요."

"지금의 준표 씨는 다 자란 성인이에요. 스스로 자신을 부양할 능력이 있고 많은 일을 잘 해내고 있어요. 판단력과 능력도 아버지에 뒤지지 않을 뿐 아니라 오히려 더 나은 부분도 있어요. 지금의 아버지는 어떤 분 같아요?"

준표는 나를 힐끗 보더니 한숨을 내쉬었다.

"자식들로부터 존경받기를 원하시면서 스스로 강인한 모습을 연출하시죠. 하지만 정말 외로울 것 같아요. 아버진 우릴 이해하지 않고 우리도 아버지를 이해하려 하지 않으니까요."

"아버지 입장에서 준표 씨를 어떻게 볼 것 같아요?"

"솔직히 말하면 자랑스러워하시겠죠. 사람들에게 제 얘기를 자주 하시니까요. 그러면서도 절 인정하는 걸 두려워하세요. 그러면 제가 노력하지 않을 거라고 여기시나 봐요."

"준표 씨는 어때요? 지금의 준표 씨는 아버지 생각에 동의하세요?"

나는 일부러 '지금의'라는 말에 힘을 주었다. 잠시 생각에 잠겼던 준표가 고개를 들었다.

"아뇨 동의하지 않아요. **아버지가 인정해주시면 더 잘할 수 있을 것 같아요.**"

내 인생은 아버지를 위한 것

"여기서 아버지께 그렇게 말씀해보시겠어요?"

빈 의자를 바라보는 준표가 결연한 표정을 지었다.

"아버지. 절 맨날 혼내셨는데, 전 잘되기는커녕 아버지께 반감만 생겼어요. 늘 못한다고 꾸중하신 건 좀 더 완벽해져서 아버지의 아들다운 자격을 갖추라는 뜻이었겠지요."

준표의 목소리에 울음이 섞여들었다.

"하지만 아버지, 전 당당히 말할 수 있어요. 전 열심히 노력했고, 그동안 제 인생은 아버지를 위한 것이었어요."

준표가 마침내 울음을 터뜨렸다.

"전 정말 힘들어요. 너무 힘든데 아버진 절 인정해주지 않으세요. 그 정도면 잘했다고 말해주시면 안 돼요?"

옆에서 듣던 나도 눈시울이 붉어졌다.

"준표 씨가 얼마나 힘들었는지, 얼마나 노력했는지 알겠어요. 이번에는 아버지 의자에 앉아 볼까요? 아버지 입장이 되어서 그토록 아버지의 인정을 받으려고 노력한 아들을 바라보며 해줄 말이 있나요?"

준표는 잠시 망설이며 몸을 일으키더니 아버지를 상징하는 의자에 앉는다.

"그러니까 저더러 아버지로 변해서 그분의 생각을 말해보라는 거죠?"

"아버지가 실제로 무슨 생각을 하는지는 상관없어요. 준표 씨가 아버지라면 그토록 애쓴 아들에게 무슨 말을 할 것 같은지 말해보라는 거예요."

준표가 잠시 멈칫하더니 자신이라고 정한 빈 의자를 바라보며 잠시 멍하니 있었다. 마침내 그가 입을 열었다.

"참 잘했다. 정말 애썼구나. 이제 그렇게 힘들게 하지 않아도 된단다."

준표가 오열을 참으면서 말을 이었다.

"왜냐하면, 내 눈에는 네가 정말 훌륭하거든."

"준표 씨가 아버지로부터 인정받으려고 이렇게 애쓰는데 안쓰럽지는 않으세요?"

"당연히 안쓰럽지요. 준표야, 이젠 그렇게 애쓰지 않아도 된다. 이건 네 인생이니 네가 알아서 하렴."

이 말을 마친 준표의 얼굴은 눈물로 엉망이 되었다.

당신은 아버지와 다르다

"준표 씨, 방금 자신에게 한 말을 들었어요?"

내가 눈물을 참으며 묻자 준표는 고개를 끄덕였다.

"아버지께서 정말 준표 씨에게 그렇게 말해줄 것 같아요?"

준표가 웃었다.

"아닐걸요. 아버진 강자만 살아남을 수 있다고 하실 거예요. 노력하지 않으면 도태된다고요. 그런 자녀를 그대로 인정했다가는 패배자로 내모는 셈이라고 하실 거예요."

"그게 바로 준표 씨와 아버지의 다른 점이란 걸 알 수 있겠죠? 두 분이 같을 수는 없어요."

나는 준표를 바라보며 말했다.

"준표 씨는 자신의 약한 모습과 두려움을 기꺼이 인정하고 사랑해야 해요. 자신의 모든 것을 사랑하도록 말이에요. 준표 씨 나름의 생각과 기준이 있으니 다른 사람이 어떻게 생각할지 걱정할 필요가 없어요. 설사 아버지가 상처를 주더라도 준표 씨는 아버지의 이해를 구하고 그분에게 가까이 다가가고 사랑해야 해요. **준표 씨는 아주 용감한 사람이에요. 다만 '이런 자신'을 소환하여 현실의 자신 옆에 세워두는 걸 잊지 마세요.** 자신을 잘 보살피고 보호해야 해요. 아버지의 엄격한 목소리에 약해져서는 안 됩니다."

준표는 아버지의 사랑을 갈망해온 아이였다. 그는 몸을 움츠려서 자신을 꼭 껴안고 눈물을 펑펑 쏟아냈다. 그것은 내면의 갈망을 인정하고 자신의 노력과 수고에 연민을 보내는 눈물이었다.

당신이 원한다면 바꿀게요

"지난번 상담을 마치고 집에 갔다가 엄마랑 크게 다퉜어요."

미혜는 자리에 앉자마자 이 말부터 꺼내며 웃었다.

"정말 큰 싸움이었어요. 어릴 때부터 지금까지 이렇게까지 엄마한
테 말대답하며 다툰 일은 없었거든요."

"무슨 일이 있었는데요?"

나는 덤으로 태어난 자식

"휴가를 내 본가에 갔어요. 언니나 남동생은 안 왔더군요. 밥을 먹
는데 엄마가 예의 잔소리를 시작했어요. 머리를 너무 짧게 잘랐다느

니, 옷차림이 남자도 아니고 여자도 아니고 그 꼴이 뭐냐부터 시작해서 누나가 되어서 동생이 어떻게 사는지 관심이 없고 저밖에 모른다고 하셨어요. 그러더니 언니가 집에는 왜 안 오는지 전화로 알아보지 않는다고 핀잔을 주는 거예요. 아버지는 늘 그렇듯 투명 인간처럼 가만히 앉아계셨어요. 사실 엄마는 다른 자식들에 대한 서운함을 제게 돌리는 거였어요. 언니나 남동생은 도통 집에 들르지도 않고 전화를 하면 잘 받지도 않았거든요. 엄마는 이런 방식으로라도 절 압박해서 연락을 취하게 하신 거죠. 다른 때 같으면 짜증이 나도 귀를 닫고 참아 넘겼을 거예요. 선생님도 아시죠?"

미혜가 웃으면서 바라보자 나는 고개를 끄덕였다.

"귀를 닫고 잠시만 참으면 지나가니까요. 가끔은 썩 내키지 않아도 엄마의 뜻대로 두 사람한테 전화할 때도 있었어요. 그런데 그날은 무슨 이유에서인지 참지 못하고 나도 폭발해버렸죠."

미혜가 나를 바라보았다. 나도 그녀를 마주 보며 진지하게 물었다.

"뭐라고 했는데요?"

"엄만 다른 두 자식이 집에 오는지, 밥은 먹었는지, 옷은 따뜻하게 입었는지 걱정하면서 왜 나한텐 내놓은 자식처럼 관심도 없냐고 고래고래 소리 질렀어요. 아직은 내가 엄마한테 필요한 존재니까 어쩔 수 없이 의지하는 거 아니냐고 했죠."

미혜의 눈에서 눈물이 후드득 떨어졌다.

"제 말이 심하다는 거 알아요. 하지만 참을 수가 없었어요. 그동안

하고 싶었던 말, 마음에 담아뒀던 말을 다 토해냈어요."

나는 미혜를 바라보며 고개를 끄덕였다. 그동안 담아뒀던 아픔을 다 쏟아내기란 쉬운 일이 아니다. 자신이 받았던 푸대접에 분노를 표출했다는 의미도 있지만, 한편으로는 어머니가 사실은 그게 아니라고 부정해주기를 바라는 심정도 있었을 것이다.

"그렇게 말하는 게 쉽지 않았겠어요."

미혜가 고개를 끄덕였다.

"내가 말을 다 쏟아내자 엄마는 예상과는 달리 몇 마디 중얼대더니 방으로 들어가버렸어요. 식탁에는 아버지와 나만 남았죠."

미혜가 갑자기 손을 문지르기 시작했다. 조금 긴장한 모습이었다.

"아버지와 식탁에 마주 앉아 있으니 어색해서 저도 일어나려고 했죠. 그런데 내내 입을 다물고 계시던 아빠가 말을 걸어오셨어요."

미혜가 웃었다. 그녀 자신도 뜻밖이었을 것이다.

"아버지는 젊었을 때 엄마가 고생한 얘기를 해주셨어요. 아버지는 일이 바빴고 엄마도 일이 있었는데 자식 셋과 시어머니, 그러니까 우리 할머니까지 모셔야 했대요. 할머니는 건강하셨지만 성격이 꼬장꼬장하셨고, 대를 이으려면 아들을 낳아야 한다는 생각이 강한 분이었어요. 엄마가 첫딸인 언니를 낳고 둘째인 나까지 딸을 낳자 엄마는 늘 할머니의 등쌀에 시달려야 했대요. 아버지도 엄마 성격이 까탈스럽고 나한테 심하게 대하는 걸 알고 있다고 하셨어요. 하지만 스트레스를 많이 받는 엄마는 내가 고분고분해서 말썽을 일으키지 않으니까, 그래서 내게 더 엄격했던 것일 뿐, 날 미워하거나 무관심해서 그런 게 아니라고 하셨어요."

그래도 날 염려해주는 사람

여기까지 말한 미혜의 눈에서 눈물이 배어났지만 표정은 웃고 있었다.

"평소 말이 없는 아버지가 이렇게 말씀하시니 얼마나 놀랐는지 몰라요. 아버지는 바깥일에 지쳐서 집에 돌아오시면 쉬어야 하고, 우리와 엄마의 갈등에는 개입하지 않는 걸 당연하다고 생각했거든요. 집안 돌아가는 사정을 전혀 모르시거나 아예 관심을 두지 않는다고 생각했어요. 그런데 아버지는 뜻밖에도 모든 걸 알고 계셨고, 나한테 그런 말까지 해주신 거예요."

미혜가 눈물을 흘렸다.

"그러니까 아버지가 미혜 씨를 걱정하며 그런 말로 위로해주시는 게 뜻밖이었군요."

나는 미혜가 하지 않은 말로 마무리했고 그녀는 동의하는 뜻으로 고개를 끄덕였다.

"그렇다면 미혜 씨는 그런 말을 듣고 어떤 기분이었어요?"

"사실 처음엔 대화를 피해 방으로 들어가버리는 엄마의 모습에 무척 실망했어요. 화가 나서 퍼붓기는 했지만, 한편으로는 엄마도 함께 소리를 지르면서 내가 오해한 거라고, 사실은 엄마도 내게 관심이 많다고 말해주기를 기대했거든요. 이성적으로는 물론 그게 불가능하다는 것을 알고 있었죠. 엄마가 갑자기 그렇게 말하면 내 쪽에서 오늘 뭐 잘못 드셨느냐고 비아냥거렸을 거예요."

미혜가 자조적인 웃음을 지었다.

"하지만 아버지 입에서 그런 말이 나온 건 정말 의외였어요. 제게는 거의 투명 인간이나 다름없는 아버지라서 더 큰 감동으로 다가왔어요."

미혜가 웃으면서 말을 이었다.

"그래서 용기를 내서 아버지도 내가 착한 아이라고 생각하셨느냐고 여쭤봤어요."

일찍 철든 딸이 안쓰러운 아버지

나는 눈을 크게 떴다. 아버지의 생각을 묻는다는 건 미혜에게는 그야말로 불가능한 미션이었기 때문이다.

"그랬더니요?"

"아버지는 내가 어릴 때부터 착한 아이였다고 말씀하셨어요. '네 엄마가 너무 엄하게 대한다고 생각했단다. 가끔은 정말 사소한 일로 널 꾸짖는 엄마에게 그러지 말라고 타이르기도 했지. 사실 넌 나무랄 데가 없는 아이였단다. 시키지 않아도 알아서 열심히 했거든. 어린아이가 감당하기에 무척 힘들었을 텐데 말이다.'"

여기까지 말하고 미혜는 울음과 웃음을 번갈아 보였다.

"아버지가 날 착하다고 생각하신다는 건 전혀 몰랐어요. 그러고 보니 아버지께 전 꽤나 만족스러운 딸이었나 봐요."

그녀의 말에 나는 조용히 답했다.

"한편으로는 안쓰러워하셨겠죠. 미혜 씨가 어른들의 말을 마음에 담아두고, 그 기대에 맞추려고 어린 나이에 애쓰는 게 안쓰러웠을 거예요. 그리고 아버지는 미혜 씨의 철든 모습을 안쓰러워하셨을 거예요."

그동안 할 만큼 했어요

미혜는 눈물을 멈추지 못했다.

"맞아요. 그래서 아버지는 내게 더 바라지 않는다고 말씀하셨어요. 엄마 아빠를 걱정해주는 건 고맙지만, 엄마 나름의 기대가 있는 것도 알지만, 이젠 저도 어른이고 제 생활이 있으니 집안의 모든 걸 도맡아 할 필요가 없다고 하셨어요. **나서서 할 일과 하지 않아도 되는 일을 잘 판단해서 하라고 하셨죠.**"

여기까지 말하고는 미혜가 고개를 들어 나를 쳐다봤다.

"아버지가 갑자기 엄마와 언니, 동생 일은 당사자들이 알아서 하게 내버려두라고 하셨어요. 그동안 제가 할 만큼 했다고 하시면서요."

"그 말씀을 듣고 어떤 기분이 들었어요?"

"일단은 마음이 누그러졌고, 그렇게 말해주는 아버지께 감동했어요. 아버지는 가족의 인정을 받기 위해 그렇게까지 애쓰지 않아도 된다고 말하고 싶으셨던 거죠. 그런 말을 들으니 오히려 내 쪽에서 걱정이 됐어요. 정말 그렇게 아무 상관 하지 않아도 되는지, 그런 생각만 하면 조금은 불안해져요."

미혜가 또 특유의 쓴웃음을 지었다.

떨쳐낼 수 없는 불안과 죄책감

"그 불안감의 정체가 뭐라고 생각하세요?"

미혜는 말을 멈추고 잠시 생각에 잠겼다.

"아마도…… 약간의 죄책감인 것 같아요. 그리고 이유는 모르겠지만, 방금 한 가지 생각이 떠올랐어요."

"어떤 생각이죠?"

미혜는 나를 바라볼 뿐 말을 하지 않았다. 한참 후에야 그녀는 가슴 깊은 곳의 두려움을 털어놓았다.

"아무것도 하지 않는 제가 엄마에게는 쓸모없는 존재가 아닐까요? 그래서 더 쉽게 버림받는 건 아닐까요?"

내 앞의 미혜는 점점 작아져서 가여운 존재로 변해 있었다. 아버지로부터 인정과 위로를 받았지만 그녀는 어머니의 생각이 더욱 신경 쓰였다. 심지어 어머니의 눈에 비친 자신의 모습을 미혜 자신으로 받아들였다. 그런 모습이 마음 깊이 자리 잡아서 그것이 자신의 일부로 변했다고 생각한 것이다.

자신은 늘 부족한 존재이며, 쓸모없어지면 언제라도 버림받을 거라

는 **불안감**이었다. 부모의 사랑을 이렇게 '조건부 사랑'으로 이해하는 아이는 자신의 진정한 모습으로는 사랑받지 못하며, 소중한 존재로 인정받지 못한다고 생각하게 된다. 결국 아이는 버려질 거라는 두려움 속에 살아가게 되며, 이에 따라 부모 말을 안 듣고 자기 하고 싶은 대로 하면 버려질 것이라고 믿게 된다.

미혜의 자아 이미지, 즉 자신에 대한 관점을 재정립하는 것이 매우 중요한 것 같다. 나는 적절한 방법을 시도해보기로 했다.

내 모습이 구겨진 티슈 같다

"미혜 씨, 여기 있는 물건 중 '어머니 눈에 비친 자신의 모습'과 '아버지 눈에 비친 자신의 모습'으로 연상되는 것 두 가지를 골라볼까요?"

미혜가 고개를 갸우뚱하며 잠시 생각했다. '어머니 눈에 비친 자신의 모습'은 쉽게 골랐다. 그것은 구겨진 채로 뭉친 티슈였다. 그리고 '아버지 눈에 비친 자신의 모습'을 고르기 위해 그녀는 물건들 사이를 돌아보다가 작은 크리스털 장식품 앞에서 걸음을 멈췄다. 그러나 그걸 집지는 않고 그냥 돌아왔다.

"'아버지 눈에 비친 내 모습'으로 뭘 골라야 할지 모르겠어요."

미혜가 특유의 쓴웃음을 지으며 말했다.

"방금 그 장식품 앞에 멈추지 않았어요?"

나는 관찰한 바를 그녀에게 천천히 말했다.

습관적인 자기비판과 자기 회의

미혜의 입장에서 아버지의 칭찬과 인정은 무척 드물고 소중한 경험이었으나 한편으로는 받아들이는 게 쉽지 않았다. 그동안 자신은 늘 부족하고 집에서 불필요한 존재라고 생각했는데 갑자기 그동안 잘해왔고 집에서도 귀한 존재라는 소리를 들은 것이다. 그녀는 두 개의 상호모순적인 자아 이미지가 충돌하는 상황을 곧바로 받아들이기 힘들었다. 스스로 그 정도면 괜찮다고 생각할 수도 있지만, 지난날 다른 사람의 눈에 비친 자신은 늘 부족한 이미지였고, 어쩌면 그것이 진짜일 수도 있다. 크리스털 장식품 앞에서 잠시 멈춘 것은 어쩌면 내면의 두 가지 자아 이미지가 서로 충돌하는 것이었는지도 모른다.

미혜는 크리스털 장식품을 선택하고 싶었지만 아버지의 말만 곧이듣고 있다가 알고 보니 실제 모습은 그에 미치지 못하면 어떡할까 걱정했다. 그렇다면 실망은 더 커지고 창피함은 배가될 것이다.

"음…… 하지만 그걸 집을 용기가 없었어요."

뜻밖에도 그녀는 솔직히 인정했다.

"왜 그렇게 말하는 거죠?"

"아버지의 칭찬을 오해하는 게 아닌가 걱정됐어요. 말씀은 그렇게 하셨지만 실제로는 그렇게 생각하지 않을 수도 있으니까요."

그녀가 다시 쓴웃음을 지었다.

"아버지가 해주신 말씀이 미혜 씨에게 중요한가요?"

내 질문에 그녀가 고개를 끄덕였다.

"미혜 씨에게 아버지로서 그런 말을 꺼내는 게 쉬운 일이었을까요? 아버지가 그런 말을 쉽게 하실 분인가요?"

내 질문에 잠시 생각하던 그녀가 고개를 가로저었다.

"아버지 말씀이 미혜 씨에게 그렇게 중요하다면, 아버지도 입 밖으로 꺼내는 게 어려웠을 거예요. 그런 점을 고려할 때 미혜 씨가 아버지의 말을 그렇게 빠르게 의심하고 못 믿는 것은 아버지나 미혜씨 두 사람에게 모두 잔인한 것 아닐까요?"

나는 미혜의 습관성 자기비판과 자기 회의에 관해 조용히 이야기했다.

오랫동안 간직한 마음의 상처

일이 분 정도가 지난 후 미혜가 몸을 일으켰다. 크리스털 장식품을 들고 오더니 나를 향해 쑥스럽게 웃었다. 이런 행동은 미혜에게 매우 중요한 상징적 의미를 갖는다. 즉 자신이 사실은 훌륭하고 가치 있는 존재라는 것을 스스로 믿고 싶은 것이다.

"그러니까 구겨진 티슈는 어머니의 눈에 비친 미혜 씨의 모습인가요?"

내 질문에 미혜가 고개를 끄덕였다.

"맞아요. 한 번 사용했지만 아직 더러워지지 않아서 버리기에는 아깝고, 그래서 좀 더 쓰고 싶은 티슈예요. 하지만 **아무도 그걸 가지**

고 싶어 하지는 않죠."

그렇게 말하고는 눈물을 흘리기 시작했다. 그것은 그녀가 오랫동안 마음속에 간직해온 상처였다.

"이렇게 구겨진 티슈를 바라보며 어떤 생각이 들어요?"

"너무 가엾다는 생각이 드네요. 자신을 바쳤지만 쓸모없는 존재여서 아무도 소중히 여기지 않잖아요."

미혜의 눈물은 좀처럼 멈추지 않았다.

"그렇다면 아버지 눈에 비친 미혜 씨는 어때요?"

나는 옆에 놓인 크리스털 장식품을 가리켰다.

"아버지는 날 훌륭한 아이라고 여기세요. 이제부턴 스스로 보살펴서 행복한 생활을 누리고 스스로 목표를 찾아서 빛을 내라고 말씀하세요."

미혜가 잠시 머뭇거리더니 말을 이었다.

"다만 내가 그럴 수 있을지는 모르겠어요. 내가 정말 괜찮은 사람인지 스스로 회의를 느끼니까요."

나는 티슈로 감싼 크리스털 장식품

"그럼 이번에는 '자신이 생각하는 자신의 모습'을 어떤 물건에 비유할 수 있을까요?"

나의 질문에 미혜가 일어나서 한쪽에 진열해놓은 장식품들을 둘러보더니 자리로 돌아와 앉았다. 그러고는 바로 앞에 놓인 티슈와

크리스틸 장식품을 번갈아 보더니 묵묵히 구겨진 티슈를 평평하게 폈다. 그런 다음 크리스틸 장식품을 그 위에 올려놓고 감싸기 시작했다. 완전히 감싼 후에 동작을 멈추고 나를 바라봤다.

"이게 미혜 씨가 생각하는 자신의 모습인가요?"

나의 질문에 미혜가 고개를 끄덕였다. 이번에는 티슈로 감싼 크리스틸 장식품을 들고 있게 했다.

"지금은 어떤 기분인지 말해줄 수 있어요?"

미혜가 주저하면서 입을 열었다.

"나 자신이 이 티슈 같은 신세라고 생각했어요. 하지만 아버지의 말씀을 듣고 아버지 눈에는 내가 많은 일을 해낼 수 있는 괜찮은 아이로 비친다는 걸 알았어요."

"그게 미혜 씨에게 어떤 영향을 미쳤을까요?"

"내가 아무 가치 없는 존재라고 생각했어요. 내 진짜 모습으로는 아무도 날 받아주지 않을 것 같았죠. 그래서 **쓸모 있는 티슈라도 되어서 다른 사람에게 쓰이고자 했죠.**"

미혜가 울음을 터뜨렸다.

"하지만 내가 그렇게 가치 없는 존재가 아니란 걸 이젠 알겠어요."

"그걸 들고 있으니 기분이 어때요?"

"아주 무겁게 느껴져요."

"맞아요. 미혜 씨는 티슈처럼 가볍지 않고 무게가 있는 존재예요. 특히 소중하게 여기는 사람의 눈에는 더욱 그렇죠. 그게 느껴지나요?"

미혜가 고개를 끄덕이며 손안에 든 자신을 힘껏 움켜잡았다.

"지금의 미혜 씨도 자신이 중요하다고 느껴지나요?"

나의 물음에 미혜가 눈물을 흘리며 고개를 끄덕였다.

"그렇다면 다른 사람의 눈에 비친 '티슈 이미지'를 벗겨버리지 않을래요? 포장을 풀어 반짝반짝한 소중한 자신을 드러내고 사람들에게, 그리고 자신에게 보여주는 거예요."

미혜가 눈물을 흘리며 손바닥을 펴서 힘껏 쥐고 있던 자신을 바라보았다. 이미 눈물에 젖은 티슈가 찢어져 있었고, 크리스털 장식품의 한쪽 면이 드러나 보였다. 이런 광경이 미혜의 마음을 더 움직였는지 더 많은 눈물을 티슈 위로 쏟아냈다.

크리스털 장식품의 모양이 점점 뚜렷하게 드러났다. 그녀는 손안의 자신을 바라보며 한참을 그대로 있었다. 그러고는 결심이라도 한 듯 크리스털 장식품을 싸고 있던 티슈를 천천히 벗겨내기 시작했다. 그리고 크리스털 장식품을 더 꼭 움켜쥐며 아무 말도 하지 않았다.

진정한 자신의 모습이 가치 있다는 사실을 받아들이는 데 있어 중요한 것은 남의 시선이 아니다. **우리가 그것을 원하느냐 아니냐가 중요하다. 자신에게 용기를 주고 자신을 위해 믿는 것이다. 그리고 이것이 비로소 자신의 진정한 모습이라는 사실을 믿어야 한다.**

"지난번 상담 후 심경에 변화가 있었어요."

진주가 약간 긴장한 말투로 먼저 입을 열었다.

"근데 적응이 안 되네요."

나는 동조하는 의미로 고개를 끄덕였다.

"무슨 일이 있었어요?"

사실 그녀의 반응은 상담 초기에 흔히 보이는 현상이다. 평소 닫혀 있던 감각의 문이 서서히 열리면서 여러 가지 감정이 움직이기 시작한다. 이런 모습이 평소의 자신과 다르기 때문에 적응이 안 되고 불편하게 느껴지는 것이다.

"사실 그렇게 나쁜 건 아니에요. 단지 느낌이 좀 더 섬세해지고 심지어 피곤하다거나 배고픔을 느끼기도 했으니까요."

진주가 웃었다.

"전에는 배가 별로 고프지 않고 피곤하지도 않았어요. 살면서 아무 감각도 없었으니까요. 지금은 다른 사람으로 변한 것 같아요. 그중에서도 최근에 일어난 일이 무척 인상 깊어요."

살아가는 행복을 느낄 수 있어요

"날마다 출근하는 길에 공원을 가로질러 가거든요. 그날따라 날씨가 정말 좋았어요. 햇살이 따사롭게 내리쬐고 나뭇잎은 바람에 사각거리는 소리를 냈어요. 산들바람이 얼굴을 스치고 지나가는데 무심히 지나쳤던 공원의 풍경이 갑자기 큰 감동으로 나가왔어요."

진주는 연신 행복한 미소를 지었다.

"처음 느낀 기분이었어요. 이런 데서 행복을 느낄 수 있다는 걸 몰랐거든요. 이제 나도 살아가는 행복을 느낄 수 있게 된 것 같아요."

진주는 갑자기 눈시울을 붉히며 티슈를 꺼내 눈가에 가져다 댔다.

"지난번 상담을 마치고 나서 무거운 짐을 내려놓은 기분이었어요. 제 자신이 조금은 달라졌다는 느낌도 있었죠. 하지만 집에 돌아가 부모님과 지내보니 그전의 습관과 말을 잘 들어야 한다는 압박감은 여전히 강했어요."

"어떤 기분이었는지 말해볼래요? 아니면 무슨 일 때문에 그런 생각이 들었는지 말해주세요."

"집에서는 아무래도 부모님의 이런저런 걱정을 듣게 되니까요. 오빠 직장이 두 분 마음에 안 들고 결혼은 어떻게 할 거냐고 걱정하세요. 제게는 귀가가 늦다고 꾸중하시고 남자친구가 생기더니 부모는 뒷전이라고 한마디 하시죠. 또 두 분 간에 싸움이 끊이지 않아서 사소한 일로도 부부 싸움을 하세요."

진주가 한숨을 내쉬었다.

"그런 일들이 절 초조하게 해요. 두 분이 다투면 짜증부터 난다니까요."

"짜증요? 좀 더 구체적으로 어떤 느낌인가요?"

진주의 막연한 정서를 좀 더 정리하여 스스로 명료하게 느끼게 할 필요가 있었다.

"부모님께 그만 좀 싸우라고 말하고 싶어요. 아버지는 성격이 괴팍해서 작은 일로도 벌컥 화를 내세요. 그러면 엄마도 화를 내며 말다툼을 벌이는데, 한편으로는 서러워 보였어요."

여기까지 말하고 잠시 미간을 찌푸리는 표정을 짓는 진주는 몸도 움츠러들었다.

엄마가 안됐다는 생각이 들어요

나는 진주의 표정과 몸짓에 주목했다. 어머니와 관련한 얘기는 그녀에게 큰 영향을 끼치는 듯하다.

"방금 화를 내는 어머니가 서러워 보였다고 했는데, 그런 모습을 보면서 우울했나요?"

나는 정보를 더 캐려고 시도했다. 잠시 멈칫하더니 진주의 얼굴 표정이 굳어졌다. 그러고는 천천히 눈시울을 붉혔다.

"맞아요. 우울했던 것 같아요. 하지만 어떤 감정이었는지 확실하진 않아요. 그리고 무슨 이유에선지 울고 싶었어요."

"엄마가 서러워하시는 것 같았어요?"

내가 조용히 묻자 진주는 고개를 끄덕였다. 눈물이 그녀의 가슴팍으로 흘러내렸다. 어머니의 아픔에 크게 공감하는 진주의 모습이 느껴졌다.

"어머니는 누구 때문에 힘드셨을까요?"

내가 느릿하게 질문하자 진주가 고개를 푹 숙였다. 눈물이 점점 빠르게 떨어졌다. 그건 죄책감과 엄마에 대한 안쓰러움에서 흘리는 눈물이었다.

"나 때문이에요. 나 때문에 엄마는 집을 떠날 수 없었어요. 모든 걸 박차고 나가려고 했는데 나 때문에 차마 발길을 떼지 못한 거죠."

자식을 위해 인생을 포기한 엄마

"좀 더 자세히 말해줄 수 있어요?"

나는 진주를 바라보며 물었다.

"엄마는 마음만 먹으면 자신의 삶을 살 수 있었어요. 굳이 아버지의 성질을 받아주면서 억지로 살 필요 없었어요. 우릴 두고 집을 떠나면 그만이었으니까. 그때만 해도 엄마는 아직 젊었어요. 공부를 계속하고 싶었으나 자식들을 낳았고, 아빠가 아직 대학원에 다니고 있었기 때문에 그럴 수 없었다는 말을 입버릇처럼 했어요. 자식들이 아직 어려서 보살핌이 필요했기 때문에 자신의 삶만 생각하는 이기적인 선택을 할 수 없었던 거죠. 그런 말을 자주 듣다 보니 나는 더 착한 딸이 되어야 했어요. 그래야 엄마의 인생이 뜻대로 풀리고 아빠와의 잦은 부부 싸움이 최소한 나로 인해 발생하지는 않을 거라고 생각했어요. 아버지는 우리가 말썽을 부리거나 문제를 일으키면 늘 엄마 탓을 했거든요."

진주는 마치 아이처럼 손등으로 눈물을 닦았다. 내가 티슈 케이스를 밀어서 건네자 그녀는 고맙다는 미소를 보이며 한 장을 뽑았다.

진주에게 어머니는 자식을 위해 자신의 인생을 포기한 사람이다. 그래서 말을 잘 듣고 늘 긴장을 늦추지 말아야겠다는 결심을 하게 했다. 아무래도 그 배후에는 진주에게 영향을 끼치는 더 중요한 의미가 있는 것 같다.

엄마의 기분이 가장 중요했어요

"그러니까 진주 씨는 어머니가 자신의 삶만 생각하는 '이기적인' 선택을 할 수 없다고 느꼈군요."

나는 조금 전 그녀가 사용한 단어를 일부러 넣어가며 말했다.

"진주 씨는 자기 인생을 찾고 자기 생각대로 살아가며, 자기 요구를 충족시키는 것이 이기적이라고 생각하나요?"

"네."

그녀가 망설임 없이 대답했다.

"그렇게 하면 어떻게 되는데요?"

"많은 사람을 힘들게 하고 가정이 깨져요. 게다가 엄마한테도 죄송한 일이죠."

진주가 눈물을 흘리기 시작했다.

"엄마는 날 위해 자신의 인생을 희생했는데, 어떻게 내가 이기적으로 살 수 있으며, 어떻게 엄마 말을 안 들을 수가 있겠어요? 내가 거역하면 엄마는 너무 슬퍼할 테고, 그러면 그동안의 희생이 아무 의미가 없잖아요?"

"그러니까 진주 씨가 엄마 말을 안 들으면 엄마는 진주 씨가 당신을 무시하고, 심지어 사랑하지 않는다고 여길 거라는 거죠?"

내가 차근차근한 말투로 그녀의 말뜻을 확인하자 순간 그녀가 멈칫했다.

"그런 문제는 생각해보지 않았어요. 그런데 말씀을 들으니 제가 정말 그랬던 것 같아요."

"진주 씨가 부모님의 다툼에 그렇게 민감한 이유가 있었군요. 엄마의 기분을 가장 중요시하고, 엄마 기분이 안 좋고 슬퍼할까 봐 걱정한 거였군요."

내가 조용히 말을 이었다.

"어쩌면 엄마가 집을 나가버릴 수도 있고 말이죠?"

진주가 고개를 푹 숙인 채 눈물을 흘리며 고개를 끄덕였다.

"내가 엄마를 덜 중요하게 여긴다고 비쳐질까 봐 걱정했어요. 그래서 내 삶에서 엄마를 최우선 순위에 놓고 영혼을 바쳤으며, 나 자신의 감정과 욕구를 비워내고 스스로 엄마의 정서만 담는 그릇으로 변했죠. 내 삶을 바쳐서라도 엄마를 만족시켜드리고 싶었어요. 그렇게 살다 보니 원래의 내 모습을 잊어버렸고, 내 영혼과 감정도 어디에 놓고 왔는지 알 수 없게 됐어요. 나의 삶에서 중요한 것들을 되찾으려고 할 때, 나는 오히려 두려움이 앞섰어요. 나의 감정, 생각, 욕망을 되찾고 나의 영혼과 나의 삶에서 중요한 것들을 되찾은 후에는 아무래도 엄마에게 헌신할 수 없게 되겠죠. 그러면 엄마는 내가 이기적이라고 생각하지 않을까요? 자신이 중요하지 않다고 생각한 엄마는 상처받지 않을까요? 그런 이유로 내게 실망한 엄마가 모녀 관계를 끊으려 하지 않을까요?"

"진주 씨는 자신의 삶을 찾는 게 이기적이라고 생각하나요?"

"네."

이번에도 진주는 망설임 없이 대답했다.

"선생님이 제시할 정확한 답이 뭔지 알아요. 부모와 자녀는 반드시 독립된 개체여야 한다는 걸 저도 알아요. 하지만 어쩔 수 없는걸요. 엄마의 기분과 아버지의 기대에 아랑곳하지 않고 내 인생만 찾겠다고 할 수는 없어요."

그녀가 고개를 들어 나를 바라봤다.

"솔직히 말해서 전 오빠가 부러웠지만 한편으로는 원망스럽기도 해요. 오빠는 자기 인생을 찾았지만 나는 그렇게 하지 못하고 집에서 부모님을 위로해야 했으니까요. 내가 선택한 길이라는 걸 알지만 **너무 속상해요.**"

오빠가 나를 버렸어

처음으로 진주의 분노가 그 실체를 분명하게 드러냈는데, 이는 그녀에게 매우 중요하다. 왜냐하면 그 분노가 계기가 되어 스스로 내면의 감정과 생각을 더 분명히 알 수 있었기 때문이다.

"어떤 부분이 그렇게 속상했어요?"

"오빠가 그렇게 자기 길을 가면서 내게 아무런 도움도 주지 않은 게 속상하고, 내가 이런 식으로 엄마 곁에 남아야 하는 것도 속상해요. 내가 이렇게 걱정하고 두려워하는데 아빠와 오빠는 무관심으로 일관하는 것도 못마땅해요."

진주의 말이 점점 빨라지고 목소리도 높아졌다.

"또……"

그녀가 말을 더 이으려다 잠시 멈췄다.

"또 뭐죠?"

"또 내가 이렇게 노력하는데 엄마가 그걸 몰라주는 게 속상해요. 엄마가 가장 걱정하는 자식은 오빠뿐이에요."

진주가 입술을 깨물었다.

"그래서 나의 삶을 찾는 게 너무 이기적이고 교활하다는 기분이 들어요."

"교활하다니요? 왜 그렇게 생각하죠?"

"오빠는 자기 하고 싶은 걸 다 하면서도 부모님이 신경을 써주잖아요. 게다가 그렇게 집을 나가 따로 살면서부터 오빠는 집안일을 전혀 신경 쓰지 않고 내게 다 맡겨버렸어요."

내가 집안일에 책임감을 갖고 착한 딸로 살아가는 건 엄마를 배려해서다. 하지만 정작 엄마가 걱정하고 신경 쓰는 자식은 엄마를 가장 걱정시키는 오빠였다. 자신과 같은 자리에서 엄마 곁에 남아야 할 자식은 오빠였는데, 그런 오빠는 자기 삶을 찾겠다고 집을 버리고 진주까지 내팽개치는 바람에 모든 것을 그녀 혼자서 감내해야 했다. 어쩔 수 없다는 무력감과 자신이 그렇게 노력하는데도 누구의 관심도 얻지 못한다는 상실감, 그리고 오빠에게 버려졌다는 배반감까지 더해져서 그녀는 상처를 받았으며, 그것이 분노로 이어졌다.

"결과적으로 진주 씨 혼자만 남아 집안을 걱정하게 됐네요. 그래서 부모님이 원하는 것을 해드리고자 노력하고 두 분이 다투지 않기를 희망했죠. 하지만 오빠가 진주 씨를 도와주지 않고 자기 원하는 일만 하고 살았어요. 아버지도 엄마와 계속 다투고 엄마에게 시비를 걸며 엄마를 밀어내려는 듯한 행동을 하셨어요."

나는 진주의 심정을 묘사하려고 애썼다.

"이 가정은 마치 진주 씨 한 사람에 의지하여 유지되는 것 같아요. 진주 씨마저 손을 떼고 상관하지 않으면 이 가정이 산산조각이 날지도 모르는 상황이죠. 하지만 아무도 그걸 걱정하지 않고 오로지 진주 씨 혼자만 걱정하며 살았어요. 그래서 너무 힘들고 속이 상해요."

"나도 내 인생을 찾고 싶어요! 하지만 모두 그렇게 하면 우리 집안은 어떻게 되겠어요?"

진주가 갑자기 큰 소리로 외쳤다. 진정한 두려움은 어쩌면 이런 것인지도 모른다. 그녀는 자신의 삶을 찾는 것이 이기적이라고 생각한다. 그리고 그 이기심이 가정의 표면적인 평화를 깨드리고 가족 관계를 해쳐서 구성원이 서로 충돌하게 하고, 결국 가정이 산산조각 날 것이라는 두려움이다. 그러므로 진주는 절대로 이기적인 결정을 해서는 안 된다.

엄마는 '이기적이지 않아서' 남기로 했고, 그래서 가정은 원래의 상태를 유지할 수 있었다. 오빠는 '이기적이라서' 부모님은 그런 아들의 문제로 다툼을 벌이기 일쑤다. 아빠도 조금은 '이기적이어서' 엄마에게 불만을 터뜨린다. 그래서 가족 관계를 위태로운 지경으로 몰고 간다. 그나마 고분고분했던 나마저 이기적으로 내 삶을 찾겠다고 나서면 집안 꼴이 뭐가 되겠는가!

말썽꾸러기가 될 수는 없었다

그런 두려움과 죄책감 때문에 진주는 말 안 듣는 아이가 될 생각도, 그럴 엄두도 내지 못했다. 이것은 어쩌면 그전에 그녀가 발견하지 못한 부분일 가능성이 크다.

"제가 이런 생각을 했다니 뜻밖이에요."

말을 마친 진주가 뭔가 생각하는 눈으로 나를 바라봤다.

"진주 씨가 그런 말을 하는 건 나도 처음 들어요. 지금 기분이 어때요?"

"복잡한 심정이긴 하지만 마음이 많이 가벼워졌어요."

그녀가 고개를 들어 나를 바라본다.

"선생님이 보시기에 제가 가족들에게 이런 생각을 얘기할 수 있을 것 같나요?"

진주가 가족에게 자신을 주도적으로 표현하고 싶어 하는 건 이번이 처음이었다. 그녀에게 결코 쉽지 않은, 용기가 필요한 결정이다.

"물론이죠. 누구에게 먼저 얘기하고 싶어요?"

그러자 그녀는 잠시 생각에 잠겼다.

"원래는 엄마에게 하려고 했는데 아무래도 오빠에게 먼저 말해야겠어요. 집을 떠나 자신의 목표를 찾겠다는 결정을 했을 때, 오빠가 가족을 생각하고 날 생각했는지 궁금해서요."

"오빠를 많이 의지하고 좋아하는 것 같군요. 오빠가 집을 떠나 독립하면서 자신이 원하는 학과에 진학하기로 했을 때, 진주 씨는 많이 슬펐나요?"

나는 오빠에 대한 그녀의 감정을 느끼면서 조용히 물었다. 그러자 그녀의 눈가가 붉어졌다.

오빠가 보호해줄 거라고 믿었는데

"나조차도 잊어버렸는데……. 어릴 때부터 오빠를 따랐어요. 맨날 징징 울면서 쫓아다녔는데도 오빠는 나를 귀찮아하지 않고 데리고 다녔죠. 내 친구들의 오빠와는 달랐어요. 같은 초등학교에 다닐 때도 다른 애들에게 '얘는 내 동생이야. 괴롭히면 가만두지 않겠어'라고 말하고 다녔어요."

그렇게 말하며 그녀는 웃음을 지었다.

"어릴 때부터 오빠는 날 보호하고 보살펴줬고, 그래서 계속 그럴 줄 알았죠. 그런데 어느 날 오빠가 집을 떠난 거예요. 나한테는 한마디 말도 없이 말이에요."

그녀가 눈물을 흘리기 시작했다.

"오빠가 집을 떠난 후 진주 씨에게 한 번도 연락하지 않았나요?"

"그건 아니에요. 몇 번이나 저한테 연락을 시도했었죠. 지금 생각하니 오빠가 연락을 끊은 게 아니라 내가 오빠를 냉담하게 대했어요."

그녀는 쓴웃음을 지으며 말을 이었다.

"이제야 알겠어요. 내 쪽에서 오빠에게 화가 난 거예요. 그동안 오빠에게 너무 의지했다는 생각이 들어요. 오빠에게 어째서 그런 결정을 내렸는지 한 번도 묻지 않았어요. 오빠도 힘든 게 많았는데 내가 관심이 없어서 눈치를 못 챘는지도 모르죠."

전부가 아니면 안 갖는다는 양자택일의 심리

우리는 아이 때 전부가 아니면 싫다는 심리에 쉽게 빠진다. 이런 사람은 자기 내면의 욕구와 기대를 만족시키는 사람을 이상화하면서 그가 나를 보호하고 무조건 사랑하며 수용하고 내게서 절대로 떠나지 않을 거라고 믿는다. 그러나 상대방이 자신의 욕구, 자신의 선택이 있어서 나의 기대를 충족시키지 않을 때, 우리의 이상은 파괴되고 상대에 대한 분노는 걷잡을 수 없이 커진다. 그래서 상대가 나를 배반했다고 느끼며 그를 이기적이고 괘씸한 사람으로 여긴다.

그러나 우리가 상대에게 부여한 이미지는 다름 아닌 우리 자신을 투영한 것에 불과하며, 성장 과정 속에서 이런 사실을 깨닫는다. 그 상대도 나와 같은 사람이므로, 기대에 부합하는 부분이 있는가 하면 당연히 그렇지 못한 부분도 있다. 우리는 어떤 사람이 이 세상을 살아가는 것은 나의 기대를 충족시키기 위해서가 아니라 그 자신을 위해서라는 점을 알아야 한다.

우리는 아이처럼 일방적인 보살핌 속에서 이해와 수용의 대상에 머무르지 않고 상대방이 나에게 그랬듯이 내 쪽에서도 상대방을 이해하고 받아들이며 보살필 줄 알아야 한다. 우리는 자신의 몫으로 주어진 책임을 돌려받아 다른 사람의 보호와 구원에만 기대하지 않을 때, 우리는 자신을 스스로 보호하고 보살필 수 있게 된다.

자신의 결정과 자신의 인생을 주도적으로 결정할 수 있게 되었을 때 우리는 '상처 입은 아이'에 머무르지 않고 어른의 길을 향해 용감히 나아갈 수 있다. 이렇게 해서 우리는 자신의 진정한 모습을 찾는 것이다.

나의 취약함을 인정하라

부족한 자신을 보여줄 수 있는가

오늘 상담실을 찾은 채린은 여느 때와 달라 보인다. 가을 오후의 햇살이 감도는 그녀에게서는 느긋함까지 느껴진다. 평소 초조함으로 찡그렸던 미간도 오늘은 활짝 펴졌다.

"안녕하세요! 오늘은 분위기가 다르네요."

내가 자리에 앉으면서 인사를 건넸다.

"어떻게 다른데요? 나쁘다는 뜻은 아니죠?"

그녀가 웃으며 농담을 했다. 얼굴에 장난기가 스치는 것이 한 번도 보지 못한 표정이다.

"채린 씨 표정을 보니 뭔가 털어낸 듯한 느낌이에요."

"얼마 전 친구들과 이란으로 2박 3일 여행을 다녀와서 그런가 봐요. 오늘 말씀드리려는 것도 그때 느낀 것들이에요."

친구들의 눈에 비친 자신의 모습

채린의 이번 여행은 고등학교 동창 몇 명이 제안한 것이다. 한동안 친구들과 연락이 뜸한 것도 있고 직장 일도 지겨웠던 그녀는 흔쾌히 여행에 동참했다. 여행에서 그녀는 평소 습관대로 최선을 다해 일행을 보살폈고, 말이나 행동에 실수가 없도록 신경을 곤두세웠다. 보다 못한 친구 하나가 한마디 했다.

"우리도 손발 멀쩡하단다. 알아서 할 테니 신경 쓰지 마. 모처럼 놀러 왔는데 왜 그렇게 챙기기만 해? 피곤하지도 않니?"

다른 친구들도 일제히 나서서 그 친구의 말을 거들었다.

"그래 맞아. 우리도 할 수 있으니 좀 쉬어!"

"넌 네가 다 해야 한다는 강박관념이 있는 것 같아. 보고 있는 우리가 다 피곤하거든."

심지어 평소 말이 없던 친구까지 한마디 거들었다.

"채린아, 널 볼 때마다 무거운 짐을 지고 있는 느낌이야. 우리한테도 그 짐을 좀 나눠달라고 하고 싶은데 넌 너무 거리를 두는 것 같아. '내가 알아서 할 테니 내버려둬' 하는 것 같단 말야!"

괜찮아, 내가 알아서 할게

채린은 비로소 친구들이 자신을 어떻게 바라보고 있는지 알 수 있었다. 늘 진지한 그녀는 다른 사람을 과하게 의식하느라 자신을 소홀히 했으며, **무거운 짐을 홀로 지고 있으면서 도움을 구하지 않았다.** '괜찮아, 내가 알아서 할게'라는 말은 그녀의 입버릇이 된 지 오래다. 물론 채린이 다른 사람에게 피해를 준 건 아니지만, 사람들은 그런 그녀가 신경 쓰인다. 결국 그녀는 자신에 대한 주변의 관심을 거부하며 그들을 밀어내고 있었던 것.

"네가 모든 걸 도맡아 할 때마다 우리도 돕고 싶었어. 하지만 네가 반가워하질 않아서 나설 수 없었어."

한 친구가 씁쓸한 미소를 띠며 이렇게 말하자 다른 친구들도 고개를 끄덕였다. 남에게 피해주지 않으려고 노력했던 자신의 행동이 오히려 사람들을 밀어내서 자신을 더 외롭게 만든 것이다.

호텔로 돌아가는 차 안에서 채린은 많은 생각을 했다. 여행의 마지막 날 저녁에는 친구들에게 자신의 마음을 털어놓고 말할 수 있었다. 직장에서 힘들었던 일, 자신에 대한 회의와 자책감, 그리고 가족 이야기, 폭력을 휘두르는 아버지와 집을 나간 어머니에 관한 이야기, 그리고 '내가 못나서 모든 것을 누릴 자격이 없다'고 느끼는 심정까지 털어놓았다. 내가 부족해서 이 모든 것을 누리는 것이 사치라고 생각했다. 그래서 열심히 노력해야 모든 것을 붙잡아둘 수 있으며, 자칫하면 모든 게 물거품처럼 사라질 거라는 두려움이 있었다. 눈앞의 행복도 환상이나 아름다운 꿈처럼 원래 있던 자리로 돌아갈 것만 같았다. 누군가가 엄격한 잣대로 나의 일거수일투족을 검사하는 것 같다. 내가 잘못이라도 하는 날에는 모든 사람이 날 미워하고 비웃을 것이고, 이 세상에 내가 설 자리가 없어질 것만 같았다.'

그래서 더욱 필사적으로 노력하여 사람들에게 좋은 모습만 보여주고 싶다. 능력 있고 세심한 사람처럼 보이지만 사실 내면에서는 그런 자신이 너무 어리석고 추하게 느껴진다. 그래서 아예 다른 사람과 거리를 두고 살아갔다. 겉으로 아무리 완벽하게 꾸며도 내면의 초라함이 드러날까 두려웠기 때문이다. **세상에 다가가기 위해 자신의 겉면을 열심히 장식했지만, 오히려 내면의 자아와 겉으로 보이는 모습 간의 차이가 더 크게 느껴졌다.**

채린은 자신이 남보다 못하고 가식적이라는 자책감으로 사람들에게 선뜻 다가가 관계를 맺지 못했다. 그래서 그녀는 '쓸모 있는 사람이 되기 위해 노력하면서 사람들의 비위를 맞추고 다른 사람의 기분을 보살피는 방식'으로 그나마 사람들의 미움을 사지 않으려 했다. 그러면서도 가까이 다가가지 않고 그들과 안전거리를 유지했던 것이다. 그러나 내면의 공허함과 결핍감으로 사람들과의 친밀한 관계를 늘 갈구했다. '단지 나 스스로 부족하고 자격이 안 된다고 생각해서 감히 다가가지 못했을 뿐이야.'

애쓴 나의 행동이 오히려 사람들을 막았어요

"난 너희들이 나보다 잘났고 아껴주는 부모님이 계시다고 생각했어. 그래서 내 진짜 모습과 집안 사정을 알면 날 멀리할 거라 믿었어."

친구들은 채린이 눈물을 머금고 하는 말을 조용히 듣고 있었다. 그녀의 말이 끝나자 그중 한 친구가 다가와 그녀를 힘껏 안아줬다. 그러자 다른 친구들도 함께 그녀와 포옹했다.

"그동안 마음고생이 많았구나. 하지만 우리에게도 그럴 필요는 없지 않니?"

친구가 그녀에게 눈을 찡긋하며 이렇게 말했다. 눈물을 머금은 눈으로 웃고 있었다.

"어떻게 우리가 네 말을 듣고 널 싫어할 거란 생각을 할 수 있어?"

"우린 그저 네가 안쓰러울 뿐이야. 혼자서 너무 오랫동안 짐을 다 지고 있었잖아."

다른 친구도 그녀의 머리를 쓰다듬으면서 말했다.

"그동안 다른 사람을 배려한 건 그런 아픔이 있어서였구나. 하지만 우리랑 있을 때는 그렇게 긴장하고 애쓰지 않아도 돼. 네가 배려하지 않는다고 해서 화낼 우리가 아니잖아. 우리도 각자 자신을 보살필 능력은 다 있고, 가끔은 널 보살펴주고 싶기도 해."

그중 한 친구가 이렇게 말했다. 그날 저녁, 채린은 친구들과 이런 마음을 주고받으며 밤을 지새웠다. 그녀로서는 처음으로 경험하는 분위기였다.

"가장 부끄러운 치부와 가정사를 친구들에게 고백했어요. 가장 약한 모습을 보여주며 울고불고 엉망이었는데도 친구들이 그렇게 따뜻하게 받아줄 거라고는 예상하지 못했어요."

채린이 눈물을 머금고 말을 이었다.

"그리고 그토록 애썼던 나의 행동이 오히려 사람들을 다가오지 못하게 했다는 것도 뜻밖이었어요."

"그래요. 사람들에게 폐를 끼치지 않으려고 너무 조심하니까 오히려 가까운 사람들은 채린 씨에게 관심을 표현할 기회를 잃어버린 거예요. 때로는 주변 사람들도 적극적으로 채린 씨를 돕고 보살펴주고 싶어 해요. 결코 채린 씨가 귀찮은 존재여서가 아니라 **채린 씨를 진심으로 염려해서** 도와주고 싶은 거예요."

나는 채린을 바라보며 느릿느릿 말했다.

"그게 바로 사랑의 표현 아니겠어요?"

"그러니까 사람들에게 나에 대한 관심과 사랑을 표현할 기회를 주라는 거죠?"

그러고는 채린이 눈물을 흘렸다.

"그렇게 하면 사람들이 날 귀찮아하지 않을까요?"

채린의 내면 가장 깊은 곳에 자리 잡은 두려움을 드러내는 말이었다. 내가 정말 마음 놓고 의지했다가 또 버림받고 실망하게 되면 어떡하지? 그래서 결국 내 스스로 노력해야 하며, 의지할 곳은 나 자신뿐이라는 사실을 발견하게 되면 어쩌지?

"채린 씨가 사람들에게 조금이라도 의지하기를 바랄 때, 채린 씨에 대한 그들의 사랑이 채린 씨에게 힘을 줄 거예요. 그리고 이건 아주 중요해요. 물론 **사람들이 채린 씨의 부탁을 거절할 수도 있어요. 하지만 그들이 결코 채린 씨를 싫어하거나 무관심해서가 아니라 그들에게 당면한 어려움이 있거나 자신의 일이 있어서라는 사실을 알**아야 해요. 어떤 사람의 거절은 정말 채린 씨에게 무관심해서일 수도 있지만, 정말 힘든 일이 있어서 그러는 사람도 있어요. 이런 걸 잘 판단할 줄 알아야 어떤 사람이 채린 씨를 중요하게 생각하고 채린 씨의 기분에 신경 쓰는지 알 수 있어요. 그런 사람과는 가까이 지내는 것이 가능하죠. **채린 씨에게 무관심하거나 심지어 자신의 필요에 의해 채린 씨에게 접근하는 사람들은 멀리해야 해요. 억지로 모든 사람의 비위를 맞출 필요는 없어요.** 그렇게 하면 어떤 사람이 가까이 다가갈 수 있는 사람인지, 어떤 사람이 나와 맞지 않는지 판단할 수 있게 되죠. 그래야 나와 맞지 않는 사람 곁에서 많은 에너지를 낭비하느라 스스로 너무 힘들고 상처받는 일이 없어요."

채린은 내 말을 듣더니 고개를 떨구고 깊은 생각에 잠겼다. 그러고는 다시 고개를 들고 나를 바라보며 미소를 지었다. 연일 계속되던 비가 지나가고 태양이 우리를 비춰준다. 유난히 따뜻하다. 더할 나위 없이 기분이 좋다.

강인과 아내인 영신이 상담실 소파에 앉아 있다. 각자 소파의 양 끝에 떨어져 앉아 시선 한번 마주치지 않는다. 상담실 소파가 이렇게나 길었는지 새삼 깨닫는 순간이다. 근래 두 사람 사이에 무슨 일이 있었던 게 틀림없다.

샤워한다, 피곤하다, 쉬고 싶다는 핑계

"나더러 어쩌라는 건지 도저히 이해가 안 돼요."

영신이 노기등등한 말투로 먼저 입을 뗐다.

"나중에 생각해보니 내가 너무 참는 데만 익숙해져서 입 다물고 사느라 스트레스를 더 키운 것 같더라고요. 그래서 최근에 마음을 열고 남편과 대화를 시도해봤어요. 살면서 힘들었던 부분과 내 고통이 뭔지 얘기하고 싶었어요. 하지만 저 사람은 아예 들으려고도 하지 않아요. 내가 말을 꺼내기만 하면 샤워를 한다, 옷을 갈아입는다는 핑계로 자리를 피하거나 눈을 감고 소파에 누워만 있어요."

"아내분이 이런 말을 할 때 강인 씨는 뭘 생각하고 있었어요?"

사실 당시 기분을 묻고 싶었지만 강인이 대답을 제대로 할 것 같지 않아서 일부러 이렇게 질문했다.

"별생각 없었어요. **때마침** 옷을 갈아입고 **때마침** 샤워를 하려고 했거나, **때마침** 눈을 감고 쉬고 싶었을 뿐이에요. 아내가 말하는 건

다 듣고 있었거든요!"

강인은 집에 돌아와서 샤워도 마음대로 못 하느냐는 표정으로 항변한다. 그의 모습은 영락없는 **반항기 소년**이다. 아내인 영신이 마음을 열고 그동안 하기 어려웠던 말을 나누고자 대화를 시도하지만 강인의 반응은 영 시큰둥하다. 샤워를 한다느니 피곤해서 쉬고 싶다느니 하는 핑계를 대거나, 입을 꾹 다물고 대꾸도 않는 반응은 기껏 말을 꺼낸 사람의 용기에 찬물을 끼얹는 것과 다름없다. 이런 반응은 대화 거부로 읽히기 때문에 당사자는 더 큰 좌절과 무력감을 느낀다.

그런데 때마침 다른 일을 하려고 했다는 강인의 말은 그의 항변에 불과할까? 아내의 말을 듣는 것을 그가 힘들어하는 것은 아닐까? 아니면 어떤 안 좋은 기억을 연상시켜서 견디기 힘든 정서를 불러일으키는 것은 아닐까?

"당신은 내 말이 그냥 듣기 싫은 거잖아! 내가 얼마나 외로운지 당신이 알아? 혼자 아기를 키우는 것도 힘들어. 나도 당신처럼 나가서 일하고 싶단 말야! 타이베이에 있었으면 부모님 도움도 받고 친구들과 수다도 떨면서 외로움을 달랠 수 있었을 거야. 하지만 지금은 나 혼자만 여기 이렇게 발이 묶여서 아무것도 할 수 없잖아!"

분통을 터뜨리는 영신의 눈가가 조금씩 붉어졌다.

"아내분이 얘기하고 싶은 건 생활하면서 부딪치는 어려움이나 이곳으로 이사를 온 후 느끼는 마음의 변화에 대해 남편분과 대화하고 싶다는 거군요. 무엇보다 남편분이 아내분의 마음을 이해해주고 응원해주길 바라는 거죠?"

나는 영신의 말을 요약하면서 그녀의 표정을 유심히 살폈고, 다른 한편으로는 강인의 반응을 곁눈으로 주시했다.

고통스러운 표정이 스쳤다

영신이 자신의 고독함과 육아의 수고로움을 토로하면서 자신은 어떤 것도 제대로 하지 못하는 것 같다고 말할 때, 강인의 얼굴에 한 줄기 고통스러운 표정이 스쳤다. 하지만 그 표정은 순식간에 모습을 감췄다. 강인은 입을 일자로 다물고 팔짱을 낀 채 소파 한쪽 구석에 잔뜩 웅크리고 있었다. 게다가 다리를 꼰 채 떨기 시작하는 것이 꼭 자신이 화가 났음을 표현하며 방어하는 모습이었다.

나는 강인의 모습에서 뭔가를 보호하려 한다는 느낌을 받았다. 혹 **그의 내면적인 고통과 그것 때문에 약해진 자신을 보호하려는 것일 까?**

"제가 남편의 이해와 지원을 원하기는 하는지 이젠 모르겠어요. 저이가 절 응원해줄 생각이 전혀 없는 것 같거든요."

화를 내는 것처럼 보이는 영신은 의외로 눈물을 흘리고 있었다.

"저이는 내가 아무 쓸모도 없고 스트레스 내성도 약하다고 생각 할 거예요. 그러니까 쓸모없는 모습을 보여주면 돼요. 어차피 그런 눈으로 날 볼 테니까요."

"쓸모없는 모습을 보여준다는 건 어떤 의미예요?"

나는 얼핏 짐작을 하면서도 이렇게 질문했다.

"그동안 술을 끊고 마시지 않으려고 애썼어요. 남편과 대화를 나누면서 스트레스를 해소하려고 시도했죠. 그게 효과적이라고 생각했는데 결론은 전혀 소용없었어요. 스트레스는 더 커져만 갔어요. 그래서 보복성 음주를 결심했죠. 저이에게 내가 거추장스러운 존재라는 것을 더 보여주려고 한 거예요."

영신이 눈물을 계속 흘렸다. 화를 내는 표정 이면에 좌절과 수치스러운 감정이 섞여 있었다. **사실 이런 자포자기식 분노는 크게 상처받은 사람이 할 수 있는 '자기 보호 반응'이다.** 다시 말해서 영신은 지금 몹시 슬퍼하고 있는 상태다.

내가 당신 어머니와 같아서 싫은 거야?

"아내분은 지금의 상황을 개선하려고 노력하고 있네요. 하지만 남편분에게 다가갈 수 없을 때, 남편이 자신을 어떻게 생각하는지 걱정하고 있습니다. 자신을 쓸모없다고 생각할까 봐 가까이 다가가지 못하는 겁니다."

내 말에 영신이 표정을 누그러뜨리며 고개를 끄덕였다.

"강인 씨는 아내분의 말을 듣고 하고 싶은 말이 없나요?"

나는 강인의 얼굴에 언뜻 스친 괴로운 표정을 포착하고 질문을 던졌다. 그는 아무 대답 없이 다리를 더 심하게 떨었다. 그는 지금 짜증스러움을 이렇게 표현하고 있었다. 짐작컨대 강인은 자신의 내면에서 솟구치는 감정을 무척 복잡한 심정으로 대하고 있으며, 그것을 어떻게 처리하고 대응해야 할지 모르는 것 같다. 그는 그런 감정이 무척 싫었다. 왜냐하면 자신을 불안케 하고 초조하게 만들기 때문이다.

"아내분의 말을 들으면서 감정의 변화가 있었던 것 같은데, 그런 기분을 싫어하시나 봐요?"

나는 강인을 바라보며 천천히 말했다. 무표정한 얼굴의 강인은 아무 대답이 없었다. 나에게는 시선을 돌리지도 않고 계속 다리를 떨며 딴청을 했다. 그러자 영신이 끼어들었다.

"저 사람은 나를 미워하고 이런 내 모습을 무척 싫어해요. 아무 쓸모도 없이 술이나 마시는 게 자기 어머니와 똑같다고 말이에요"

그러고는 감정이 복받친 영신이 울음을 터뜨렸다.

강인의 과거에 갇혀 있는 사람들

이는 영신이 오래전부터 품어온 두려움이다. 남편에게 좋은 사람이 되어 더 사랑받기 위해 부단히 노력했다. 그런 노력이 속절없이 무너지는 순간을 맞았다. 그녀의 노력과 인내는 강인에 대한 안쓰러움에서 비롯된 것일까? 힘들었던 그의 유년 시절을 안타까워해서일까? 지금 그녀의 무너지는 모습과 강인에 대한 증오는 자기가 더 잘하지 못했다는 좌절감과 자책을 포함하고 있을까? 영신과 강인, 이 두 사람은 모두 강인의 과거에 갇혀 있는 것일까? 여기에 생각이 미친 나는 과거로 돌아가 영신과 얘기를 나눠보기로 했다.

"아내분은 남편분이 자신을 쓸모없다고 생각한다고, 시어머니와 똑같아서 싫어한다고 말씀하셨어요. 그렇다면 그동안 시어머니처럼 변하는 걸 두려워하셨나요?"

영신은 잠시 생각하더니 고개를 끄덕였다.

"특별히 그런 것까지 생각해본 적은 없는 것 같아요. 다만 **결혼 후 나 자신에게 잘해야 하고, 강인 씨에게 다른 가정을 만들어주기 위해 노력해야 한다고 다짐했죠.**"

영신이 조용히 말했다.

"다른 가정을 만들어준다는 건 어떤 의미인가요?"

나는 한 가닥 실마리가 보이는 것 같아서 잇달아 질문했다.

"결혼 전에 이 사람이 유년 시절에 대해 얘기한 적이 있어요. 어린 나이에 엄마를 보살펴야 했고 아버지의 화난 모습에 늘 힘들었다고요. 남동생과 여동생도 있는데, 부모님이 자식들을 돌볼 기력이 없어서 모든 짐을 어린 강인 씨에게 짊어지게 하셨대요."

영신의 눈에서 눈물이 주르륵 흘러내렸다. 손등으로 눈물을 닦는 그녀의 모습이 마치 어린아이 같다.

"처음에 그 이야기를 들었을 때 전 정말 슬펐어요. 그때 전 결심했죠. 저 사람과 결혼한다면 반드시 어릴 때와 다른 가정을 만들어주겠다고 말이에요."

"아내분이 남편을 정말 애틋하게 생각하는 것 같네요. 그러니까 남편을 행복하게 해주고 싶었던 거죠?"

영신의 말을 듣고 나는 콧등이 시큰해졌다.

원망은 구해달라는 외침이자 두려움

알고 보니 그런 원망들은 구해달라는 외침이자 두려움이었으며, 자신이 기대하는 모습으로 되지 못했다는 데 대한 두려움과 실망이었다. 어떻게 해야 자신이 기대했던 모습으로 변할 수 있을지 모르겠고, 그 때문에 상대방의 사랑을 잃은 건지 확인하고 싶었다. 이런 두려움 앞에서 할 수 있는 일은 구해달라고 외치는 것뿐이었다. 하지만 그 외침이 오래되면 원망으로 변한다.

실망도 자신에 대한 실망에서 남편에 대한 실망으로 바뀐다. 그렇게 되면 부족한 자신을 마주하며 수치스러워할 필요가 없이 남편에 대한 분노로 전환해버리면 그만이다. 분노는 영원한 힘을 가지며, 수치스러움이나 무력감에 비해 훨씬 쉽게 자신에게 받아들여지는 부정적 정서다.

영신은 눈물을 아까보다 더 많이 흘렸다. 그녀의 눈물은 닦아내거나 숨길 틈도 없이 보는 사람의 마음에 파고들었다. 강인에게도 마찬가지였다. 그는 고개를 돌려 영신을 바라보더니 재빨리 시선을 거뒀다. 고통스러운 표정이 그의 얼굴을 다시 한번 스치고 지나갔다.

"당신이 잘못한다고 느낀 적 없어."

줄곧 입을 다물고 있던 강인이 입을 열었다.

"사실…… 잘못하고 있는 건 나야."

강인이 이마를 만지다가 무의식적으로 머리카락을 움켜쥐었다.

"나야말로 정말 쓸모없는 사람이야. 엄마가 나아지게 하지도 못했는데, 이제 당신까지 이렇게 만들어버렸어."

그의 울먹이는 목소리에 놀란 영신이 고개를 돌려 그를 바라봤다.

"강인 씨, 방금 아주 중요한 말씀을 하셨어요. 아내분도 궁금할 테니 좀 더 자세히 말해주시겠어요?"

나의 요청에 옆에 있던 영신도 동의의 뜻으로 연신 고개를 주억거렸다. 그러고는 재빨리 눈물을 닦고 강인의 말을 경청할 준비를 했다. 시계 초침이 움직이는 소리까지 들을 수 있을 정도로 조용해졌다. 잠시 후 강인이 입을 열었다.

"아내가 노력한다는 걸 알아요. 날 따라 이곳 신주까지 와서 아이 낳고 전업주부로 사느라 힘들어한다는 것도 알고요. 여기 오기 전에는 좋은 직장에 다녔고, 자기 일을 좋아했어요. 타이베이에서의 생활도 사랑했죠. 결혼 전부터 집에서 살림만 하는 전업주부로 살지 않겠다고 말했어요. 하지만 결혼하고 이곳에 온 후 집에서 살림하며 아이를 돌보게 됐는데, 그건 다 나를 위해서예요."

강인이 울먹이는 소리로 말했다. 그때 영신이 불쑥 끼어들었다.

"내가 언제 전업주부는 싫다고 했어? 난 그런 말 한 적 없어!"

"언젠가 당신이랑 둘이서 한국 드라마를 본 적이 있었어. 그때 당신이 드라마 속 여인처럼 전업주부로 살면서 종일 남편과 아이만 보살필 자신이 없다고 말했어."

강인이 깊게 숨을 들이쉬었다. 그의 목소리는 정상으로 돌아가 있었다. 영신을 보니 '내가 그런 소리를 했었나?' 하는 표정이었다. 아내가 했던 사소한 말까지 기억하는 걸 보면 강인은 영신이 상상하는 것보다 훨씬 그녀를 챙기는 듯하다. 단지 표현하지 않을 뿐.

"결혼 후 신주에 있는 직장에 들어올 기회가 있었는데, 당신이 따라올 테니 이 기회를 잡으라고 날 격려했지. 하지만 속으로는 내키지 않았을 거야."

강인이 잠시 멈췄다가 말을 이었다.

"그래서 사실 난 타이베이에 있는 직장을 계속 알아보고 다녔어."

"뭐라고? 근데 왜 나한테 말 안 했어?"

영신은 남편이 그렇게까지 자신을 배려하리라고는 예상을 못 했는지 꽤 놀란 모양이다.

"굳이 말할 필요가 있어? 어차피 직장을 찾지도 못했는데."

강인의 자조적인 웃음 속에는 쓸쓸함이 깃들어 있었다.

자책과 외로움이 담긴 표정

"방금 아내분에게 대답할 때 살짝 웃었어요. 그건 왜죠?"

나는 강인에게 그 이유를 물었다. 그 웃음 뒤에 설명하기는 어렵지만 아주 중요한 정서가 배어 있는 듯했다.

"나 자신이 웃겨서요. 아내를 행복하게 해주고 싶었는데 내가 능력이 없어서 원하는 삶을 버리고 여기까지 오게 했잖아요."

"자책하는 것처럼 들리네요."

"전 아무래도 이 사람을 행복하게 해줄 능력이 없나 봐요."

강인이 등을 소파에 기대며 묘한 표정을 짓는다. 자책감에 더해 외로움이 더 많이 드러나는 표정이었다.

"방금 그 말씀은 뭔가 특별한 이유가 있어서인가요?"

나는 조심스럽게 상담의 방향을 탐색했다.

"나 자신이 행복을 누릴 능력이 없는 사람인 것 같아요. 가까스로 가정을 꾸리고 좋은 아내와 귀여운 자식까지 생겼는데, 내가 무능력해서 그걸 또 망쳐버렸어요."

"또 망쳤다는 건 무슨 뜻이죠? 전에도 그런 적이 있었나요?"

나는 조심스럽게 물었다. 강인은 내 질문을 듣고 입을 꾹 다물더니 손으로 입가를 무의식적으로 한 번 문질렀다. 말을 하고 싶은데 입 밖으로 내뱉기 힘든 모양이었다. 나와 영신은 계속 기다렸다. 얼마 후 강인이 한숨을 내쉬었다.

그때 내가 더 노력했더라면

"이런 생각이 좀 바보 같을 수도 있지만, 어머니가 간염으로 돌아가신 후 생각했어요. 그때 내가 더 노력했더라면, 아니면 그 당시의 내가 좀 더 능력이 있었다면 아버지를 집에 계시게 할 수 있지 않았을까? 아니면 어머니가 그렇게 일찍 돌아가시지 않았을 수도 있었을 거라는 생각이 들어요. 내가 부족해서 어머니가 우리를 두고 자포자기하는 심정으로 술을 마시다 그냥 세상을 떠나신 건 아닌가 싶어요. 하지만 어머니의 일상생활을 돌봐드리는 것 외에 어떻게 보살펴드려야 하는지 몰랐어요. 어머니가 어떤 생각을 하시는지도 몰랐죠. 내가 아는 거라곤 어머니가 아버지를 줄곧 원망하셨다는 거예요. 전 그런 상황을 어떻게 할 능력이 없었어요. 그건 정말 고통스러운 기분이었죠. 그래서 마치 기계처럼 일상의 모든 일을 수행했어요. **이젠 나도 사랑하는 사람이 생겼고 원하는 가정을 가졌어요. 그런데 완벽했던 아내가 나 때문에 어머니처럼 변했고, 나 역시 아버지처럼 변했어요.** 이 정도면 나라는 사람에게 문제가 있다는 생각이 들어요. 나와 관계된 사람치고 끝이 좋은 사람이 없으니까요."

강인이 자조적인 웃음을 내비쳤다.

"강인 씨는 자신이 행복을 누릴 자격이 없다고 여기는 것 같군요."

내가 낮은 소리로 말하자 강인의 눈가가 금세 벌게졌다. 그는 나와 영신이 자신의 정서를 눈치채지 못하도록 재빨리 고개를 창 쪽으로 돌렸다.

"강인 씨에게 아내와 아이가 가장 중요한 사람이죠?"

"물론이죠."

강인이 망설임 없이 대답했다. 영신이 깜짝 놀라 남편 쪽으로 고개를 돌렸다. 그녀의 두 눈에 순식간에 눈물이 차올랐다. 그러고는 쭈뼛쭈뼛하며 소파에 내려놓은 남편의 손 위에 자신의 손을 포갰다.

당신의 짐을 내게 나눠줘

"나한테도 당신이 중요해. 그래서 당신에게 행복한 가정을 만들어 주려고 그렇게 애썼지. 당신이 더는 다른 사람을 보살피느라 지치지 않아도 되게 내가 보살피려고 한 거야."

영신이 눈물을 흘렸다.

"당신이 너무 좋은 사람이라고 생각했기 때문이야. 당신이 그동안 많이 애쓰고 고생한 것도 알아. 그래서 당신이 진 짐을 내게도 좀 나눠줬으면 좋겠어. 둘이 함께 나누면 덜 힘들잖아."

영신이 다른 한 손으로 눈물을 훔치며 느릿느릿 말을 이었다.

"신주로 온 건 내가 선택한 일이야. 여기 오면 힘들 거라는 것도 미리 각오했어. 내가 가장 힘들다고 느낀 건 따로 있어. 신주에 온 후 당신과 나 사이가 너무 멀어졌다는 걸 알았거든. 당신은 늘 뭔가를 꾹 참고 견디고 있는데 난 그걸 몰랐어. **당신이 견디는 대상이 바로 나라고 생각해서 외로웠거든.**"

영신은 이야기를 하면서 계속 눈물을 흘렸다. 그것은 아주 깊은 두려움이었다. 새로운 환경으로 생활 터전을 옮긴 후 자신은 낯선 모습으로 변해갔고, 가장 소중한 존재인 남편도 자신을 대하는 태도가 달라졌다. 결국 영신은 자신이 쓸모없는 존재로, 남편에게 짐이 되는 존재로 변해버려서 남편이 다가오지 않는다는 생각에 두려웠다. 영신은 자기 나름의 방식으로 안간힘을 썼다. 너무 애쓴 나머지 제풀에 지쳐 더는 버티지 못하게 되었다.

한편 강인은 영신의 모습이 달라진 이유가 자신이 무능해서 원치 않는 생활을 아내에게 강요한 탓이라고 생각했다. 그러다 보니 **과거 어머니의 알코올의존증과 아버지의 가출을 바라보며 느꼈던 무력감과 두려움이 한꺼번에 몰려왔고, 현재의 정서와 섞여 거대한 죄의식과 공포, 자책감으로 변한 것이다.**

강인은 그동안 자기 내면의 취약함에 대해 사람들과 흉금을 터놓고 말하는 방법을 배운 적이 없었다. 그래서 그는 현실도피를 택할 수밖에 없었다. 또 한편으로 자신만의 방식으로 노력했으나 아무리 노력해도 상황을 개선할 수 없음을 알았다. 이런 정서는 너무나 복잡하고 고통스러우며, 수용하기도 힘들기에 **강인은 어떻게 헤쳐가야 할지 알 수 없었다. 그래서 과거에 습관적으로 했던 정서적 단절 상태에 자신을 가둬버렸다. 다른 사람이 자신에게 다가올 수도, 스스로 나갈 수도 없는 상태였다.**

이런 상태에서 강인은 기계적으로 일만 하며 마치 살아 있는 송장처럼 아무 느낌이 없이 살아가게 되었다. 그는 **자신의 감옥에 갇혀 스스로 감시하는 간수가 되어버렸다.**

상처를 안고도 상대방을 배려하는 그들

강인이 그런 방식을 택한 것은 마음 깊은 곳의 실망감을 건드리지 않기 위해서였다. 그는 소중한 사람을 행복하게 해줄 능력이 없어서 자신의 손에 들어온 행복을 놓쳤다는 자책감과 죄의식, 부끄러움에 사로잡혔다. 이런 정서는 아내인 영신에게까지 전염되어 외로움 속에 힘든 시간을 보내야 했다. 평소보다 더 큰 이해와 배려가 필요했던 그녀는 남편과 대화를 원했으나 그것마저 거부당했다.

결국 그녀가 술을 마시는 것으로 위로를 삼는 알코올의존증에 빠졌다. 영신이 술에 의존한 것은 그렇게 함으로써 남편의 관심을 가장 빠르게 돌릴 수 있음을 무의식중에라도 의식한 것은 아닐까? 그래서 남편이 자신에게 다가와 보살펴줄 거라는 기대를 했을 테다. 이런 것은 두 사람에게 얼마나 무거운 정서란 말인가! 그들은 각자 상처를 안고 살아가면서 상대방을 배려하려 했다. 그래서 열심히 노력했지만 결과적으로는 상대방을 보살피는 노력이 서로를 더 멀어지게 하고 말았다.

아내의 말을 들으면서도 강인은 그녀를 돌아보지는 않았다. 아무 말 하진 않았지만 그의 손이 어느새 아내의 손을 꼭 쥐고 있었다. 남편에게 손을 잡힌 영신의 눈에서 더 많은 눈물이 흘러내렸다.

말을 꺼내는 순간 무너질까 봐 두려웠어

"당신에게 묻고 싶어. 내가 거추장스러운 짐으로 여겨져? 지금의 내가 쓸모없는 존재라고 생각해?"

영신이 울음 섞인 목소리로 말했다.

"당신이 술 마시는 나를 버리고 싶지만 아이가 때문에 차마 말을 못 꺼내는 건 아닌지 두려웠어."

아내의 질문에도 강인은 여전히 고개를 창 쪽으로 돌린 채였다. 그러나 잡고 있던 그녀의 손을 힘주어 꼭 쥐었다. 나는 지금 강인의 내면에서 격정이 차오르고 있음을 느꼈다. 그러나 그는 이런 감정을 어떻게 처리해야 하는지, 어떻게 표현해야 하는지 모르는 것 같다. 어쩌면 말을 꺼내는 순간 자신이 무너질까 봐 두려운 것인지도 모른다. 어쨌거나 아주 오랫동안 억눌러온 감정이기 때문이다. 자신이 무너지면 아내가 그런 자신을 쓸모없는 존재라고 싫어할지도 모른다.

하지만 **친밀한 관계에서 서로의 정을 돈독히 하는 것은 쓸모의 유무가 아니다.** 다시 말해서 상대방을 물질적으로 보살피는 그런 것이 아니다. 그보다는 **우리가 상대방에게 자신의 취약함과 두려움, 감정 같은 진정한 모습을 기꺼이 내보일 때 정이 더욱 깊어진다.** 그리고 그럴 수 있는 상대에게만 우리 자신의 모습을 보여주고 싶어 한다. **우리가 쓸모없다고 여기는 부분은 오히려 인간관계에서 가장 소중한 부분이다.**

강인은 말을 하지는 않았지만 여전히 영신의 손을 꼭 쥐고 있었다. 내가 입을 열었다.

"아내분의 얘기를 들으면서 강인 씨가 손을 꼭 쥐어주는 모습이 인상적이었어요. 내면에 많은 감정이 있는데 그걸 말로 표현하는 습관이 안 되었을 뿐이에요."

나는 강인을 바라보며 물었다.

"입을 열어 말하면 어떻게 될까 봐 두려운가요?"

강인은 여전히 대답이 없다. 한참 후 그가 고개를 이쪽으로 돌렸으나 시선은 여전히 딴 곳을 향하고 있었다.

"그게 두려움인지는 모르겠어요."

"그게 뭔지 말해주시겠어요?"

"난 단지…… 말을 꺼내는 순간 무너질까 봐 두려웠어요."

강인의 눈가가 벌게졌다.

"괜찮아, 내가 옆에 있잖아."

영신은 자신의 손을 잡은 강인의 손 위에 다른 한 손을 포개면서 확신에 찬 목소리로 말했다. 그 순간 나의 눈가도 붉어졌다.

"당신은 아무 문제 없어. 내 스스로 쓸모없다고 느꼈을 뿐이야. 하지만 당신이 날 버리지 않았으면 좋겠어. 당신이 정말 필요하단 말이야."

그러고는 강인이 갑자기 폭풍 같은 오열을 쏟아냈다. 그는 아내의 손을 잡아당겨 자신의 얼굴에 가져다 댔다. 그 모습은 위로를 얻고자 하는 행동으로 보였다. 영신이 얼른 강인의 옆으로 다가앉더니 힘껏 포옹했다.

"당신을 버리지 않을 거야. 오히려 당신이 두렵다며 먼저 날 밀어내지만 않으면 좋겠어."

영신은 펑펑 울고 있는 강인의 머리를 쓰다듬으며 그를 위로했다.

때때로 우리는 자신이 쓸모없는 존재라서 사랑하는 사람에게 버림받을까 봐 두려워한다. 사실 나를 사랑하는 사람에게는 나의 능력이나 쓸모 있고 없고에 상관없이 나의 존재, 그리고 내가 그를 얼마나 사랑하는지가 훨씬 중요하다. 이런 것들은 다른 것으로 대체할 수 없는 아름다움이며 너무나 소중한 보물이다. 이런 것들은 상대에게 지지와 역량, 용기를 부여한다.

우리는 저마다 상처와 어려움을 안고 살아간다. 그러나 우리가 서로 의지할 수 있다면 어려움을 함께 헤쳐 나갈 수 있을 것이며, 아무리 큰 상처도 언젠가 치유될 날이 있을 것이다.

커튼 사이로 비집고 들어온 햇살이 포옹하고 있는 강인과 영신을 따뜻하게 비추고 있다. 기분이 참 좋다.

행동

자신을 포기하지 말고 실행하기

우리는 살아가면서 누구나 자신의 선택을 하고
자신의 모습을 드러내 보인다.
그것이 어떤 모습이든 모두 각자의
방식으로 노력하는 모습이다.

안간힘 쓰는 자신을 안아주기

자아비판 대신 자신의 선택을 이해하라

준표는 직장에서 여전히 많은 난관을 극복해야 한다. 그래도 상담을 하면서 부모를 이해하게 됐고, 자신 앞에 놓인 현실을 피할 수 없음을 받아들였다. 결국 현실은 자신이 선택한 결과라는 것을 받아들이고, 자신에게는 스스로 선택할 힘이 있음을 믿었다. 그러자 짜증도 덜 내고 상처를 직시하게 되는 등 모든 것이 달라졌다. 또한 그토록 노력해야 했던 자신을 어루만져줄 수 있게 되었다.

최근 몇 차례의 상담에서 준표는 훨씬 홀가분해진 모습을 보였다.

"전에 펑펑 울고 나서 뭔가 달라진 게 있는 것 같아요"

그가 웃으며 말했다.

"그런가요? 뭐가 달라졌어요?"

나는 호기심 어린 질문을 던졌다.

"뭔가 홀가분해졌다고 할까요? 지금은 직장에서 전처럼 화를 내지 않게 되었어요."

준표가 어깨를 으쓱하며 말을 이었다.

"참 이상하죠. 상담하면서 특별히 한 게 없고 다 아는 말이었는데 말이에요. 그런데도 나 자신이 변한 걸 느껴요."

"직장에서 기분 안 좋은 일을 당할 때 드는 생각이나 처리 방식이 상담 전과 비교해서 달라졌다고 생각하세요?"

준표는 자신이 달라진 것을 발견했고, 나는 그와 함께 그 상황을 정리해보기로 했다. 자신이 이런 일을 대하는 느낌, 생각, 행동, 그리고 내면의 인생 시나리오에 어떤 변화가 있었는지 알아봄으로써 비슷한 어려움과 시련에 어떤 식으로 대응하는지를 살펴보고자 한다. 그의 일상과 업무 속에서 이와 유사한 난관은 앞으로도 계속 닥쳐올 것이다. 따라서 자신이 보유한 자원 중 앞으로의 난관을 헤쳐 나가는 데 도움이 될 만한 것이 무엇인지 파악하는 것은 무척 중요하다.

현재를 받아들이니 모든 게 달라졌어요

준표는 소파에 기댄 채 눈을 감고 생각에 잠겼다.

"가장 크게 달라진 점은 수용 여부인 것 같아요."

"그렇게 생각한 이유는요?"

"전에는 그런 일을 당하면 화부터 났어요. 좌절감을 느끼면서도 그건 내 선택이 아니었다는 생각 때문이었죠. 의사가 된 건 내가 원한 게 아니고 부모님의 선택이며, 나는 강요에 의해 의사가 된 거라고 여겼어요."

준표가 자신의 다리를 어루만졌다.

"하지만 선생님과 상담하면서 생존 전략에 관한 얘기가 나왔을 때, 비록 아버지의 정서하에서 살아온 건 사실이지만 의사가 되기로 한 것은 나의 생존을 위한 선택이었고, 결국 내 스스로 했다는 사실을 발견했어요. 왜냐하면 이런 선택을 함으로써 힘들일 필요 없이 부모님과의 갈등을 해소할 수 있었고, 당장 돈을 저축하여 집에서 이사 나올 수도 있었으니까요."

그러고는 그가 갑자기 웃었다.

"게다가 의사들은 당직을 자주 서니까 집에 가지 않고 병원 숙소에서 지낼 수도 있었거든요. 의사가 된 게 결국 나의 선택이므로 아버지 탓만 할 수 없다는 걸 알고부터는 일터에서 황당한 일을 당했을 때 나 자신에게 이렇게 말할 수 있었어요. '이 일은 내가 선택했고 앞으로도 이런 일이 많을 테니 이걸 헤쳐 나갈 방법부터 찾자.' 그렇게 생각하니 신기하게도 화가 가라앉고 황당한 일을 당해도 참을 만하더군요. 병원은 원래 황당한 일이 많이 일어나는 곳이니, 그런 일이 없는 게 더 이상한 거죠."

그러고는 큰 소리로 웃었다. 나는 그의 관찰력과 적응력에 탄복을 금치 못했다.

'내 선택'과 '내 잘못'의 차이점

우리가 살면서 가장 견디기 어려운 순간은 지금의 고통과 안 좋은 상황이 자신이 선택한 결과라는 사실을 발견할 때다. 인생의 큰 상처를 안고 사는 사람들에게 있어, 이런 사실을 인정하는 것은 '지금의 이 고통이 다 내 잘못 때문'이라고 자신을 탓하는 것과 같다. 우리에게는 이런 것을 인정하는 일이 가장 어렵다. 물론 이 경우에도 자신의 선택을 인정하는 것일 뿐, 이것이 결코 자신의 잘못을 인정한다는 것은 아니다.

다만 **대다수 사람이 책임을 진다는 것과 잘못을 저지르는 행동을 동일선상에 놓고 바라보기 쉽다.** 그래서 자신을 비난하는 우를 범하게 된다. 그러므로 '선택을 인정하고 책임을 지는' 과정이 크나큰 책임의 부담으로 변해 사람을 꼼짝 못 하게 짓눌러버린다. 이처럼 자신의 선택이었음을 인정하지 않으면 자기 삶의 주도권을 되찾아오기 어렵다. 계속 그런 고통 속에서 살아가며 자신을 비난하고, 남까지 비난하면서 그 상황에서 벗어나지 못한다.

자신이 선택한 결과를 수용하고 인정하고 자신이 그 선택을 한 것은 생존을 위해서, 또는 어떤 고통이나 두려움에서 도피하기 위한 방편이었음을 이해해야 한다. 자신을 지나치게 책망하거나, 결과를 인정하고 마주하는 것을 피해서는 안 된다. 사실 이것이 가장 힘들고

견디기 힘든 부분이기도 하다. 그런데 준표는 스스로 이 단계를 뛰어넘은 것이다.

심리적으로 불편할 때는 현장을 벗어나라

준표의 어떤 변화로 모든 게 자신의 잘못 때문이라는 비이성적인 신념이 아닌 자신의 선택이었음을 수용하게 됐는지 궁금했다.

"선생님과 상담하는 방법을 역이용해서 나 자신의 행동을 검토해 봤어요."

그가 컵을 들어 물 한 모금을 마시더니 말을 이었다.

"사람들에게 화가 날 때가 늘 나 자신을 비판한 이후라는 걸 발견했어요."

그의 말은 나의 호기심을 자극했고, 나는 진지하게 경청했다.

"전에 선생님이 지적했듯이 제 마음은 제 자신을 비판하는 소리로 가득 차 있었어요. 일단 그걸 부정적인 것만 들추는 '저주 마귀'라고 부를게요. 이 '저주 마귀'의 행동 방식을 관찰한 결과, 내가 좌절하거나 업무상 어려움이 있을 때마다 등장해서 수작을 부린다는 것을 발견했어요."

그가 웃으며 말을 이었다.

"가령 환자 가족들에게 욕을 먹고 너무나 속상해 있을 때 이 '저주 마귀'가 나타나서 말하죠. '그것 봐, 넌 아무것도 못 하잖아. 그래서 의사가 돼서도 사람들에게 욕을 먹는 거야.' 그 말을 들으면 속이 더

상하고 울화통이 점점 치미는 거예요. 사람들이 너무 못됐다는 생각이 들고 저들이 왜 여기에 날 몰아넣고 모욕을 당하게 하는지 알 수 없었어요. 그게 바로 선생님을 처음 찾아온 이유였다는 걸 나중에야 알았어요."

그러고는 멋쩍은 웃음을 보였다.

"그 후로는 선생님이 일러준 대로 불편한 마음이 들 때는 즉시 반응하지 않고 일단 현장을 떠났어요. 그러고는 혼자 있을 때 **나의 정서를 기록해봤어요.** 이 방법은 정말 효과적이었어요. 현장에서 떠나 먼저 마음을 진정시켰죠. 그리고 스스로 어떻게 된 건지 물었어요. 몇 번 그렇게 하고 나니 '저주 마귀'의 비난에도 전혀 영향을 받지 않게 되었어요. 그래서 '저주 마귀'의 부정적인 비난이 들릴 때마다 스스로 냉정을 되찾고 전체적인 상황을 객관적으로 평가했죠. 그러고는 그 소리에 스스로 대답하는 '이미지 메이킹'을 했어요. 상황이 **사실은 그렇게 심각하지 않다**고 말했죠. 그러고 나니 비교적 화를 내지 않고 차분하게 뒷일을 처리할 수 있었고, 자신을 비난하는 일도 줄어들었어요. 그 후 시간이 날 때마다 선생님이 제안한 방법으로 기록하며, 나 자신의 정서 모드를 포착했죠. 그 결과 그동안 제가 비난받을 때마다 스스로 형편없다고 생각했다는 걸 깨달았어요. 선생님이 말씀하신 것처럼, 그런 일들을 수용하여 소화할 방법이 없어서 언제나 남 탓만 했죠. 그러다 보니 지금의 상황이 나를 더 견디기 힘들게 했고, 늘 자신이 압박을 당한다고 느꼈죠. 하지만 나 자신에 대한 비난을 멈췄더니 부모님의 압박이 아닌 나의 선택으로 의사가 되었음을 인정하는 게 전보다는 쉬워졌어요. 전에는 '난 이미 너무 힘든데 왜 모든 책임을 내가 져야 하지?' 하는 생각으로 더욱 울화통이 터졌거든요. 허허!"

준표가 자신의 허벅지를 툭툭 쳤다.

내 스스로 선택할 수 있다

준표가 이토록 영민하다는 사실을 알고 나는 그 기세를 이용해 좀 더 추적하기로 했다.

"이것이 자신의 선택이었다는 걸 아는 게 본인에게 어떤 도움이 있었죠?"

준표가 잠시 멈칫했다.

"좋은 질문인데…… 생각해본 적이 없어요. 하지만 그렇게 물으시니 이 방법이 확실히 내게 도움이 되었다는 걸 알게 되었어요. 그동안 나의 선택이고, 그건 도피하지 않고 책임 있는 태도라는 것 정도로만 생각했거든요."

준표가 잠시 말을 멈추고 생각했다.

"하지만 **이것이 나의 선택이었음을 발견한 순간, 아버지가 어떤 선택지를 들이밀어도 내가 그중에서 선택했을 거란 사실을 깨달았어요. 선택 항목 자체가 그다지 끌리지 않더라도 말이에요.**"

"준표 씨 아버지가 아무리 큰 압박을 가했더라도, 주변 환경상 어쩔 수 없는 상황에서도 결국 선택은 자신이 할 수 있었다는 말인가요? 사실 그런 선택은 준표 씨에게 최적의 선택이 아닐 수도 있어요. 하지만 준표 씨가 일단 평가하고 나서 그 선택을 했기 때문에 치러야 할 대가, 또는 본인이 져야 할 부담이 아무래도 줄어들겠죠. 예를 들어 의사가 되겠다는 결심은 아버지가 강요한 것도 있지만, 준표 씨에게도 고려할 능력이 있기 때문에 그런 선택을 하게 된 거예요."

나는 말을 잠시 멈추고 준표의 반응을 살폈다. 준표는 내 말을 집중해서 듣고 있었다.

"왜냐하면 그때 준표 씨의 선택은, 다시 말해 아버지가 그렇게 강요하는 상황에서도 준표 씨에게는 여전히 자신의 진로에 대해 평가하고 선택할 수 있는 능력이 있었다는 거예요. 지금의 준표 씨는 그때보다 더 큰 역량과 자원이 있어요. 그러니까 다른 선택을 하려면 얼마든지 가능해요. 안 그래요? 왜냐하면 준표 씨는 애초부터 선택할 능력이 있었으니까요."

준표는 뭔가 생각하는 표정으로 나를 봤다.

자신의 선택을 인정한다는 것은 결과에 대한 책임을 지는 것에 그치지 않는다. 이는 자신의 역량을 인정하는 것이기도 하며, 자신에게는 선택할 수 있는 능력이 있다는 사실을 믿는 것이다. 하지만 때로는 자신의 선택임을 인정하는 일이 무척 힘들다. 특히 주변 사람이 자신에게 가혹하게 대할 경우, 자신은 생활에 적응하기 위해 다른 사람의 기준을 자아비판의 필요로 삼아 내면화한다. 용기는 이런 비판 속에서 자취를 감춰버린다. 우리가 자신의 선택이 생존과 적응을 위한 것이었음을 이해하려는 순간, 이런 선택에는 좋고 나쁨이 존재하지 않는다.

우리가 자신에게 따뜻한 시선과 이해를 보내고 자아를 펼칠 수 있게 스스로 보살필 때, 자아는 서서히 역량을 키우며 이 세상을 직시할 수 있게 된다. 또한 자신의 인생에 다른 선택의 가능성도 부여할 수 있는 용기와 탄력성도 생길 것이다.

따라서 우리는 다른 사람이 제시하는 기준에 도달하기 위해 애쓸 필요가 없다. 자신의 기준을 차근차근 세워서 자기만의 인생 답안을 찾을 수 있다.

비난 대신 따뜻한 위로

"상의할 일이 있어요."

명훈이 나를 진지하게 바라보며 말했다.

"다름이 아니라 여자친구와의 일이에요."

꼭 필요할 때가 아니면 사생활에 대한 얘기를 먼저 꺼내는 법이 없었던 그가 이번에는 업무 외의 일을 공유하겠다고 나선 것이다. 이제는 대화 중에 어쩌다가 "그건 나도 알아요. 다만 실천하기가 어려울 뿐이죠"라는 말을 곁들이기도 했다.

서서히 마음을 열고 감정을 표출한 후 공황 증상도 한동안 사라졌다. 명훈에게는 예상치 못한 성과였다.

"심리 상담이란 게 정말 신기하네요. 그냥 한번 해보자는 심정으로 임했는데 아주 효과가 좋아요. 상담받는 동안 많은 일이 있었는데 공황증을 완화해보겠다는 원래의 목적을 잊어버렸어요."

명훈이 웃으면서 말했다.

"선생님이 늘 강조하시던 '변화를 포기하는 순간 변화가 찾아온다'는 게 바로 이건가 봐요."

나도 웃으며 고개를 끄덕였다.

때로는 자신을 변화시키려는 노력을 포기하고 자신을 좀 더 이해하고 싶다는 생각으로 과도한 노력을 포기할 때, 그 틈을 비집고 변화가 자연스럽게 자리 잡는다.

좋은 말만 원하면 발전이 없잖아요

"여자친구와의 일이라면 어떤 일을 말하는 거예요?"

"최근 들어 여자친구랑 사이가 좋아졌어요. 전에는 내 기분이 안 좋을 때가 많았는데 그때마다 여자친구가 양보하고 배려해줬어요. 그런데도 쉽게 화를 내곤 했죠. 하지만 요즘에는 화내는 일이 많이 줄어서 그런지 여자친구의 말에 귀를 기울일 때도 많아요. 시간이 나면 서로 대화도 자주 나누죠."

그는 무심코 손가락으로 허벅지를 툭툭 쳤다.

"며칠 전 여자친구가 해준 얘기가 기억에 남아요."

나는 고개를 끄덕이며 그의 말을 계속 경청했다.

"제가 늘 자신을 지적했대요. 여자친구는 자기 생각을 토로하거나 직장에서의 속상한 일을 하소연하곤 했어요. 제 조언을 원할 때도 있지만 때로는 잠자코 들어주기를 원했죠. 하지만 저는 언제나 여자친구의 잘못된 점을 지적하기에 바빴고, 그러다 보니 여자친구도 말하는 걸 꺼리게 된 거죠."

명훈이 여기까지 말하고 잠시 멈췄다.

"여자친구로부터 그런 얘길 들었을 때 어떤 기분이었어요?"

나는 무심하게 물었다.

"무척 뜻밖이었어요. 제 딴에는 돕는다고 생각했는데 오히려 지적질이나 하고 있었던 거죠. 하지만 한편으로는 좋은 말만 들으려 하고, 자기 좋으라고 지적하는 걸 싫다는 여자친구가 못마땅한 것도 사실이에요. 그러다 보면 자신이 최고라는 환상 속에 살면서 정작 다른 사람 눈에는 형편없게 보일 수도 있잖아요?"

명훈이 미간을 찌푸렸다.

"전 그런 식은 별로 좋아하지 않아요. 상담심리사들은 자신을 사랑하고 인정하라고 하지만, 그건 문제가 있어도 그냥 지나가라는 말이잖아요. 결국 일종의 도피 아닌가요? 여자친구는 나아지는 걸 마다하고 좋은 말만 듣고 싶다는 건가요?"

명훈은 짜증이 나는지 언성을 높였다.

"그 말도 일리가 있네요. *그것도 우리 인생의 어려운 부분이죠. 발전을 위한 조언은 바라면서도 비난은 싫다고 하니까요.*"

나는 고개를 끄덕이며 그의 생각에 공감했다.

"특히 명훈 씨는 완벽을 추구하는 분이니 이런 방법으로 자신의 생활을 향상하는 것이 습관이 되었을 거예요. 그러니까 소중한 사람에게도 그렇게 한 거죠. 사실 명훈 씨는 여자친구를 걱정해서 더 좋은 방법을 제안하고 싶었던 거였는데 말이에요."

"그런데 그게 싫대요."

명훈이 어깨를 들썩하더니 갑자기 웃었다.

"여기 데려올 테니 대신 말씀 좀 해주실래요?"

그 정도면 충분히 잘했다

내가 웃으면서 말을 이었다.

"여자친구 얘기는 이 정도로 해두고 명훈 씨 이야기가 궁금해지네요. 직장에서 자기 잘못이 아닌 일로 책임을 져야 할 때 어떻게 하는지 궁금해요. 그럴 때 사람들에게 얘기해서 조언을 구하나요, 아니면 명훈 씨의 하소연을 묵묵히 들어주기만을 원하나요?"

명훈은 내 말을 듣고 생각에 잠겼다.

"하소연을 듣고 '정말 속상하겠지만 네 잘못은 아니니 그 정도면 충분히 잘했다'라고 말해주는 사람이 있는가 하면, 그냥 묵묵히 명훈 씨 말에 귀 기울이고 기분에 공감해주는 사람도 있어요. 어떤 쪽이 더 나을까요? 적극적으로 의견을 제시하는 사람보다 후사가 마음을 더 편안하게 해주지 않을까요?"

"그 말도 맞네요. 하지만 당사자에게 도움이 안 되잖아요?"

그렇게 말한 명훈의 표정이 일그러졌다.

"굳이 나쁠 이유도 없지 않나요?"

내가 웃으면서 되물었다.

"생각할 시간을 주고, 그 사람을 따뜻한 시선으로 이해하는 걸 법으로 금지한 건 아니잖아요?"

나는 일부러 농담을 섞어서 말했다.

"한때 마음 편하자고 조언을 거부하면 그 사람은 발전이 없다고 생각할 수도 있어요. 하지만 이미 노력했으니 자신의 기분을 위로하고 긍정적으로 생각한다고 해서 발전이 없을 정도는 아니에요."

나는 명훈을 바라보며 웃었다. 그는 진지하게 듣고 있었다.

"명훈 씨는 한시도 긴장을 늦추지 않고 열심히 살았어요. 그러면서 늘 아직 부족하다고 걱정하죠. 그런데 '사실 이 정도면 충분히 잘하고 있어'라고 스스로 생각해본 적은 없나요? 이렇게 열심히 노력한 명훈 씨니까 이런 말을 들을 자격이 있잖아요?"

명훈은 말없이 나를 바라봤다.

"나 자신이 '충분히 잘하고 있다'고 생각한 적이 없어요."

"그렇다면 이제라도 속으로 '난 이미 충분히 잘하고 있어'라고 말해보고, 어떤 일이 일어나는지 느껴봐요."

명훈이 잠시 탁자를 응시하다가 입을 열었다.

"음, 그렇게 불안하거나 초조하진 않네요. 하지만 뭔가 마음이 편하진 않아요."

그가 고개를 들어 나를 쳐다봤다.

"그렇게 하는 걸 제가 싫어하는 걸까요?"

"다시 한번 느껴보세요. 싫은 건지 아니면 습관이 안 된 건지."

그가 다시 생각에 잠겼다.

"습관이 안 돼서 그런가 봐요. 지금은 훨씬 나아졌어요. 하지만 이번엔 조금 초조한 기분이에요."

'잘하는가'보다 '괜찮은가'에 집중하라

"완벽함을 계속 추구하다 보면 부족한 부분이 더 눈에 들어옵니다. 지금은 잠시 멈추고 '지금의 나는 이미 충분히 훌륭하다. 더 나아질 수 있지만 이런 방법으로 자신을 증명할 필요는 없다'고 말할 때입니다. 과거와는 다른 방법이 아직 익숙하지 않을 거예요. 하지만 명훈 씨에게 다른 느낌을 줄 수 있는데, 그건 바로 '안도감'이에요."

그러고는 나는 명훈을 바라보며 천천히 물었다.

"이런 느낌을 좋아하세요?"

그는 생각에 잠긴 눈빛으로 나를 바라봤다.

"나쁘지는 않네요."

"명훈 씨 여자친구는 때때로 이런 느낌을 원한 건지도 몰라요. **그냥 이해하며 지켜봐주는 것이 더 잘하라는 조언보다 상대를 더 배려하는 행위일 수도 있어요.** 자신에게 중요한 존재가 상대라는 걸 의미하는 것이니까요. 다시 말해서 '내가 잘하고 있는가 아닌가'보다는 **'내가 괜찮은가 아닌가'**에 더 방점을 두길 원하는 거죠."

명훈은 한마디도 하지 않았다. 한참 후 그가 고개를 들었다.

"그동안 제 기분에는 한 번도 신경 쓰지 않았어요. 단 한 번도 내 기분이 괜찮은지 스스로 물어본 적이 없었죠. 설사 제 삶에서 가장 힘든 순간에도 말이에요. 나 자신에게 따뜻한 배려를 해본 적이 없어서 남에게도 그렇게 하지 못하는 건 아닐까요?"

"하지만 지금의 명훈 씨라면 충분히 할 수 있을 거예요."

내가 웃으면서 말했다.

더 나아지려고 애쓰는 것보다 잠시 멈춰 서서 자신과 다른 사람에게 따뜻한 위로를 보내고, "괜찮아?" 하고 묻기 위해서는 더 많은 용기와 신뢰가 필요하다. 나는 지금의 명훈이 충분히 그걸 해내리라 믿는다. **오늘 당신은 괜찮은가?**

진정한 자신의 모습을 받아들여라

정서를 수용하고 표현을 연습하라

상담이 진행되면서 채린은 서서히 마음을 열었다. 자신의 정서에 낯설어했던 그녀는 이제 조금씩 내면의 정서를 발견하는 중이다. 다만 그것을 억누르거나 폭식으로 처리하는 습관은 여전하다. 어느 날 상담에서 채린은 자신이 폭식한 후의 기분과 자신의 인내에 대해 털어놓았다.

"이런 의식을 행하는 게 나에게는 일종의 치유의 의미라는 걸 깨달았어요. 평소 일할 때는 많은 정서를 억누르며 참는 편이에요. 나에게 향하는 사람들의 기대와 공격을 인내하고, 다른 사람들의 무책임함과 내 상황을 고려하지 않는 것에 대한 분노를 억눌러요. 사람들이 해놓은 일이 내 기준에는 못 미치는데도 괜찮다는 그들의 무신경을 참아야 했어요. 그리고 나는 항상 다른 사람을 배려하는데 그들은 날 배려하지 않는 상황을 인내했어요."

채린이 쓴웃음을 지었다.

"그동안은 이런 상황을 당연하게 받아들이며 아무 느낌도 없었어요. 그런데 지금은 나도 감정을 느낄 수 있게 되었고, 자신이 어떤 것을 감당하고 살았는지 이제야 깨달았어요. 과거의 나는 **일종의 자포자기 심정으로 음식에 탐닉했어요. 폭식을 통해 입으로 내뱉을 수 없는 정서를 삼켜버리듯이 말이에요.** 그리고 나서는 먹은 것을 다 토해내면서 배출의 시원함을 느낄 수 있었어요."

그녀는 민망하다는 표정으로 나를 힐끗 쳐다봤다.

"제 얘기가 너무 노골적이라 불편하지는 않으세요?"

나는 고개를 저으며 그녀에게 응원의 미소를 보냈다.

"채린 씨가 이런 말을 꺼내는 게 쉽지 않다는 걸 알아요. 하지만 중요한 얘기잖아요?"

그녀가 끄덕이는 모습을 본 나는 질문을 계속했다.

"스스로 아무 느낌 없이 살아야겠다고 생각한 건 무슨 이유에서였죠?"

아버지처럼 자제력을 잃을까 두려워요

채린이 잠시 멈칫하는 것이 이런 문제를 한 번도 생각해보지 않은 모습이다. 그녀는 고개를 갸우뚱하며 생각하더니 웃음을 지었다.

"그래야 버틸 수 있어서였겠죠!"

"뭘 버티는 거죠? 뭔가 지키고 싶은 게 있나요?"

나는 말을 멈추고 그녀를 바라봤다.

"채린 씨가 인내심을 발휘하여 정서를 억누르는 것이 마치 뭔가 지키고 싶은 것이 있어서라는 생각이 들어요. 그렇게 하지 않으면 무너지는 것이라도 있는 거예요?"

그녀가 한참 생각하더니 나를 바라봤다.

"그동안 아무 감정이 없어야 버틸 수 있다고 여기며 살았어요. 산다는 건 고통이 수반되는데 감정이 있으면 버텨내기 힘들어요. 하지만 선생님 말씀을 듣고 방금 곰곰이 생각해보니 더 깊은 두려움이 있었던 것 같아요."

나는 몸을 곧추세우고 집중했다.

"그 두려움이 뭐라고 생각하세요?"

채린이 고개를 숙이고 진지하게 생각했다. 마침내 고개를 든 그녀가 입을 열었다.

"내게 감정이 생기면 자제력을 잃고 더 인내하지 못할까 봐 두려워요."

우리의 대화가 점점 핵심에 접근하고 있다는 느낌이다. 나는 서서히, 더욱 집중하여 방향을 유도했다.

"자제력을 어떻게 잃을까요?"

"내가 엄청나게 화를 내고 사람들에게 고래고래 소리를 지르거나 공격할까 봐 겁나요."

순식간에 그녀의 두 눈에 눈물이 차올랐다.

"우리 아빠처럼 말이에요."

자신의 좋은 면만 보여줘야 했다

채린이 지키고 싶었던 건 '화를 내지 않고 자제력을 잃지 않는 자신'이었다. 화내고 자제력을 잃는다는 건 그녀에게 힘든 기억이며 몹시 공포스러운 모습이다. 그녀의 아버지가 그랬듯이 말이다. 그런 분노는 늘 사방으로 발산되며 소중한 사람에게 상처를 입히고 사람들이 자신을 멀리하는 결과를 가져온다.

채린은 모든 분노를 억누르며 자신의 좋은 면만 드러내면서 살았다. 이런 식으로 억압된 분노와 상처받은 정서를 폭식을 통해 배설했고, 이 과정에서 외부로 향하던 분노는 자신을 향한 것으로 변모했다. 결과적으로 이런 자포자기식 감정은 발산하지 못한 타인에 대한 분노가 억압되어 자기혐오로 돌아온 것이다.

폭식은 분노와 억압된 요구가 뒤섞여 나타나는 표현 방식의 일종이다. 채린이 분노를 억압하고 좋은 모습을 유지하기 위해 무리하며 애쓰는 동안 폭식 증상은 점점 더 심각해졌고, **이에 따른 수치심과 자기혐오도 점점 깊어졌다.** 당연히 채린의 자아 가치는 살아가면서 그 상처가 더욱 커졌다. 이런 거대한 공포에 직면하여 우리는 분노를 대하는 자신의 공포심을 분석해볼 필요가 있다. 그러기 위해서는 먼저 분노에 다가가서 인식하는 것부터 배워야 한다. 이제 한 단계씩 배워보자.

화나는 감정은 내가 나쁜 탓?

"화를 내본 적은 있어요?"

나의 물음에 채린이 웃었다.

"당연히 있죠. 하지만 표현은 하지 않고 속으로만 화를 냈어요."

"그러니까 사실 화를 낸 적은 있지만 그걸 잘 억제하고 표현하지 않음으로써 사람들에게 상처를 주지 않았다는 말인가요?"

나의 물음에 채린이 잠시 생각하더니 고개를 끄덕였다. 그러나 이내 다시 고개를 가로저었다.

"가끔 표현할 때도 있었는데 말을 안 하는 것으로 표현했죠."

그녀가 잠시 말을 멈췄다가 다시 이었다.

"하지만 방금 '잘 억제했다'고 하셨는데, 생각해보니 화가 날 때마다 어떤 느낌이 들었고, 그 후에는 화가 사그라들었던 것 같아요."

그녀의 말을 들으며 우리가 점점 핵심에 가까워지고 있다는 걸 알 수 있었다.

"그 느낌과 그것이 나타난 과정을 묘사해볼까요?"

"마음이 편치 않고 화가 나려고 할 때마다 마치…… 어딘가에서 목소리가 튀어나와서 그러면 안 된다고 말하는 것 같아요. 심지어는…… 내가 뭔가 잘못을 저지를 것 같다는 기분이 들어요."

그녀의 묘사에 나는 고개를 끄덕였다.

"채린 씨의 마음이 편치 않고 화가 나려고 할 때마다 어떤 목소리가 튀어나와서 그러면 안 된다고 말하고, 채린 씨는 그것 때문에 죄책감과 수치스러움을 느끼기까지 한다는 말이군요. '뭔가 잘못을 저지를 것 같은' 기분이 채린 씨를 두렵게 하나요?"

채린이 고개를 끄덕였다.

"자신의 화내는 모습을 보고 사람들이 채린 씨를 싫어할까 봐 두려운 거예요? 아니면 화나는 마음이 생기면 자신이 나빠서라고 생각하고, 이것이 두려워서 절대로 가져서는 안 되는 정서라고 생각하는 거예요?"

채린은 진지하게 생각한 후 대답했다.

"아무래도 후자가 더 큰 것 같아요. 이렇게 화내는 자신이 나쁘니까 그래서는 안 된다는 생각이죠. 그리고 그 모습을 다른 사람이 보면 날 싫어할 거라고 생각했어요."

"그렇다면 **자신이 나쁘다고 생각되는 이런 걱정을 없애기 위해** 어떤 행동을 했나요?"

"**더 많은 일을 했어요.** 다른 사람의 문제를 해결하는 일이든 스스로 더 많은 책임을 감당하는 일이든 가리지 않았어요. 그렇게 하고 **집에 가면 대체로 다른 때보다 훨씬 더 많이 먹었던 것 같아요.**"

채린이 고개를 들어 나를 쳐다봤다.

"그러니까 뭔가를 많이 할수록 폭식증이 더 심각해진 거네요?"

폭식으로 수치심과 자기혐오를 위로하다

분노 표출을 억제하는 채린의 두려움에 가장 크게 관여하는 정서는 '이런 정서가 자신에게 있어서는 안 된다'는 수치심인 것 같다. 분노라는 정서는 채린으로 하여금 자신이 형편없다는 기분이 들게 하는 '원죄'와도 같다. 분노의 정서가 치밀어 오르면 채린은 아버지를 떠올렸다. 아버지가 자신과 주변 사람에게 준 상처를 깊이 느끼고 있는 그녀는 그를 닮지 않으려고 애쓰면서 분노 표출을 억제해왔다.

그러나 '나는 아버지의 딸이니 그런 피와 유전자를 물려받았을 텐데, 그렇다면 나도 그렇게 되지 않을까?' 하는 우려가 그녀의 내면에 깃들어 있었다. 때문에 아버지처럼 자신도 분노하면 자제력을 잃을까 봐 걱정한 것이다. 이런 심리적 방어기제가 발동하자 그 두려움을 해소하기 위해 그런 모습의 자신에게서 멀어지고자 했고, 그래서 오히려 그런 정서와 상반된 행동을 보였다. 즉 다른 사람을 공격하지 않고 자신을 보호하지도 않았으며, 다른 사람을 더 잘 보살피고 더 큰 책임감을 갖는 대신 자신은 더욱 위축시켰다.

하지만 이런 전략을 수행한다고 해도 채린의 내면에 도사린 수치심은 결코 완화되지 않았다. 오히려 그녀는 유사 '속죄' 행위를 빌려 스스로 분노의 정서를 드러내고 타인을 공격하려는 '원죄'를 감추려고 했다. 다시 말해 그녀의 생각은 이렇다. '내가 이렇게 좋은 일을 하는 것은 태생적으로 부족한 부분을 감추려는 것뿐이다.' 수치심은 은폐되었을 뿐이며, 위로나 수용 또는 제거가 되지 않았다. 이런 행위는 지나치게 감정을 억압하느라 고통스럽고, 무엇보다 자기혐오에 빠지게 된다. 따라서 더욱 과한 폭식을 통해 고통스러운 수치스러움과 자기혐오의 감정을 위로받고자 한다. 그리고 이 모든 것은 무한히 되풀이된다.

자신이 부족하다고 생각해서 더 열심히 한다. 그런데 열심히 할수록 자신의 부족함을 사람들에게 감추고 있음을 깨닫는다. 말하지 않아도 드러나는 이런 수치스러움이야말로 채린이 분노를 억누르는 핵심 정서다.

정서를 드러내고 이해받아야 한다

"그런 말을 하고 나서 어떤 기분이 들어요?"

"조금은 홀가분해졌어요. 사실 화내는 게 포인트는 아니에요. 내가 어떤 식으로 화를 내고 그걸 어떻게 표현하느냐가 중요한 것 같아요."

내면의 두려움은 오랫동안 억눌려 있지만 일단 그 두려움의 실체를 분명히 직시하면 더는 두렵지 않을뿐더러 이해할 수 있다.

"맞아요. 채린 씨는 본인이 밝혔듯이 침묵이라는 방식으로 분노를 표현했어요. 그래서 걱정하는 만큼 자제력을 잃는 일이 없었죠."

나는 채린의 말에 호응했다.

"하지만 계속 분노를 억누르고 통제하느라 애쓰다 보면 언젠가 상황이 나빠질 수 있고, 정서가 넘쳐서 이성의 끈이 끊어지면 우려하는 자제력 상실에 빠질 가능성이 있어요. 정서는 어린아이와 같아서 그것을 내보이고 이해하면 그렇게 애써 소리 지르며 채린 씨의 주의를 끌 필요가 없어요. 정서를 발견하고 먼저 위로를 건넨다면 그것이 지나치게 커져 통제 불능 상태로 뒤늦게 발견될 우려는 없어지죠. 그 정도로 늦게 발견하면 채린 씨가 우려하는 자제력을 잃는 일이 생길 테니까요."

많은 사람이 정서가 두려운 것이라고 이해하여 억압하는 방식으로 처리하곤 한다. 그러나 우리가 자신의 정서를 감지하고 이해할 수 없다면 정서가 우리에게 일깨워주려는 것이 뭔지 알 도리가 없다. 그러므로 **모든 정서에는 기능이 있으며**, 특히 부정적인 정서는 더욱 그러하다. 부정적 정서가 나타날 때는 우리에게 뭔가 심상치 않은 일이 있음을 일깨워주기 위해서다. 만약 우리가 그것을 발견하고 이에 따라 부정적 정서를 스스로 조절할 수 있다면, 우리의 생활에 큰 도움이 될 것이다. 채린의 경우, **분노의 출현은 그녀에게 한없는 양보와 희생을 지양하고 한계를 설정하여 자신을 보호하라는 메시지라 볼 수 있다.**

내 분노가 내 자신을 돕는다

분노에 대한 말을 들려주자 채린이 놀라워했다.

"그러니까 나의 분노가 사실은 날 도울 수 있다는 거죠?"

"그래요. 채린 씨가 과도한 책임을 짊어지거나 다른 사람이 채린 씨에게 책임을 전가할 때, 분노는 사람들이 그렇게 하지 못하도록 할 수 있어요. 그리고 채린 씨에게 너무 많은 부담을 지고 있다는 사실을 알려줄 수 있어요. 사람들은 채린 씨의 한계가 어디까지인지를 깨닫고 그 한계를 점차 설정합니다. 그렇게 함으로써 사람들은 책임을 되돌려 받을 기회를 갖게 되고, 업무도 비교적 순조롭게 진행될 수 있어요."

내가 설명을 이어갔다.

"왜냐하면 한 사람의 역량보다는 한 무리의 역량이 더 크고, 채린 씨가 감당할 수 있는 업무 부하는 한계가 있기 때문이에요."

"그러니까 화가 나거나 마음이 불편할 때 그것을 표현하는 연습을 해서 사람들에게 알려주라는 거죠?"

"화라는 정서가 채린 씨를 일깨워줄 때는 표현하지 못한 어떤 감정이나 필요성이 있다는 의미예요. 그러므로 먼저 자신이 무엇 때문에 화가 났는지 스스로 묻고 객관적으로 관찰한 후 그것을 어떻게 표출할지를 생각해야 업무에 도움이 되겠죠."

나는 채린의 질문에 이렇게 답하고는 다시 말을 이었다.

"한번 생각해봐요. 채린 씨가 직장에서 일할 때의 목표는 '자신의 좋은 모습을 유지하려고 노력하는 것'일 거예요. 하지만 사람들에게 채린 씨는 이미 훌륭한 정도를 넘어서 그 이상으로 보이기 때문에 더 많은 책임을 채린 씨에게 떠넘기려고 한다는 거죠. 따라서 '업무를 더 효율적으로, 목표에 더 잘 도달할 수 있게' 하는 것으로 목표를 수정할 수 있어요. 어쩌면 다른 선택을 할 수도 있고 사람들에게 채린 씨의 수요를 표현할 수 있을 거예요."

나는 말을 멈추고 그녀를 바라봤다.

"결국 채린 씨도 과거부터 지금까지 살아오면서 이미 충분히 노력했기 때문에 더 노력해서 자신의 가치를 증명할 필요가 없다는 걸 알고 있어요. 이제는 지금의 생활에 더 잘 적응하는 데 도움이 될 새로운 대응 전략을 세울 때인 거죠."

내 말에 그녀는 뭔가 생각하는 듯했다.

상담실을 떠날 무렵, 채린이 더 많이 웃고 전보다 훨씬 홀가분해진 느낌을 받았다. 나는 마음으로 그녀에게 축복을 보냈다.

이대로의 나를 긍정하기

오늘 미혜는 자리에 앉기도 전에 내게 중요한 사실을 알려왔다.

"가족들 앞에서 절반의 커밍아웃을 했어요."

나는 서둘러 자리를 잡고 그녀의 말을 들었다.

엄마의 잔소리는 날 걱정하는 마음이다

이번에 미혜가 집에 갔을 때 남동생과 언니까지 모처럼 온 가족이 모였다. 동생은 별로 말이 없었으나 어머니는 기분이 꽤 좋아 보였다. 이번에도 어머니는 미혜에게 잔소리를 하기 시작했다. 머리끝부터 발끝까지의 옷차림까지도 트집을 잡았다.

"네 꼴을 좀 봐라. 남자도 아니고 여자도 아니고. 이래서야 어떻게 결혼할 수 있겠어? 평생 결혼은 안 할 생각이니?"

어머니의 얘기에 미혜는 상처를 크게 받았으나 잠자코 있었다. 이때 줄곧 입 다물고 있던 남동생이 갑자기 나섰다.

"누나 옷차림이 뭐 어때서요? 나는 좋기만 하네요."

언니도 한마디 거들었다.

"나도 결혼을 꼭 해야 한다고 생각하지 않아요."

"너희들 지금 뭐라고 했니? 온 가족이 작당해서 나한테 대드는 거야? 내 생각은 틀리고 너희 생각만 옳다고? 난 실패한 엄마고 이 집에서 아무 쓸모도 없구나!"

어머니의 갑작스러운 태도에 다른 식구들은 멍하니 서로 보고만 있었다. 언니는 한숨을 쉬었고 남동생은 입을 다물어버렸다. 미혜가 옆에서 몹시 긴장하여 어찌할 바를 모르고 있는데, 이번에는 아버지가 나섰다.

"미혜는 진작부터 철이 들었고 제 길을 가고 있으니 걱정할 것 없어요."

아버지는 어머니의 어깨 위에 손을 얹고 말을 이었다.

"부모는 자식을 축복하고 울타리가 되어주는 걸로 족해야 해요."

어렵게 꺼낸 아버지의 말에 어머니는 계속 눈물을 흘렸다.

"하지만 미혜를 볼 때마다 속상해 죽겠어요! 어릴 때 내가 너무 엄격하게 대하고 치마를 입으라고 야단쳐서 지금 저렇게 되었나 싶어요. 저 모습으로 이 사회에서 얼마나 힘들겠어요! 왜 꼭 저래야 하는지……."

어머니의 말에 미혜는 슬프면서도 크게 감동했다. 어머니는 그녀를 싫어해서가 아니라 다른 사람의 눈을 의식해야 하는 세상이 걱정되어서 잔소리한 것이다.

왜냐하면 넌 그냥 너니까

"하지만 누나는 원래부터 이랬잖아요!"

평소 말이 없던 남동생이 또 나섰다.

"사람이 각자 다른 건 당연해요. 남들과 똑같다고 세상살이가 편하다는 보장도 없잖아요. 그렇다면 자신의 본래 모습을 유지하는 게 좋지 않아요?"

미혜는 놀라서 동생을 바라보았다. 그녀의 말에 따르면 대학에 들어가기 전까지만 해도 남동생과 우애가 좋았다고 한다. 두 사람은 늘 이야기를 나누고 함께 구기 운동도 했다. 그런데 미혜가 다른 도시에 있는 대학에 가면서 두 사람은 만나는 일이 점점 줄었고, 그녀는 동생이 무슨 생각을 하는지 알 수 없었다.

그런데 뜻밖에도 동생은 마음으로 자신을 지지하고 있었던 것이다. 아버지와 남동생의 말을 듣고 미혜도 무슨 말을 해야 할 것 같았다. 그래서 자신은 이성에 관심이 없고 여자로 살기도 싫다는 말을 해버렸다. 그녀의 말이 끝나자 어머니는 여느 때처럼 방으로 들어가 버렸다. 마치 아무 말도 듣지 않았다는 듯한 표정이었다.

"비록 엄마의 반응에 어느 정도 좌절을 느꼈지만 그래도 예상했던 일이에요. 자식의 커밍아웃은 어느 부모에게나 받아들이기 힘든 일이니까요. 만약 엄마가 그 자리에서 나를 붙들고 통곡하면서 괜찮다고 했으면 제가 오히려 엄마가 오늘 뭐 잘못 드셨나 했을지도 몰라요. 하하!"

미혜는 웃으면서 말했지만 눈가에 눈물이 번져 있었다.

"하지만 아버지와 남동생, 언니는 평온한 반응이었어요. 그래서 제가 언니와 동생에게 '뭐 할 말 없어?'라고 물었죠. 은행에 다니는 언니의 반응이 기가 막혔죠. '벌써 알고 있는 일인데 할 말이 뭐가 있어? 동성 간 결혼도 할 수 있는 세상이야. 법적으로도 문제없다고! 돈 잘 버는 사람으로 찾아봐라.' 남동생은 어깨를 으쓱하더니 자기는 전부터 누나 한 명에 형 한 명 있다고 생각했기 때문에 특별히 달라질 게 없다는 거예요. '왜냐하면 형은 그냥 형이니까.'"

어느새 그녀는 눈물을 흘리고 있었다.

나의 정체성을 지키고 싶어요

"아버지는 뭐라고 하셨어요?"

내 물음에 미혜는 눈물을 왈칵 쏟았다.

"아버지는 내 어깨를 두드리면서 '괜찮다. 네 정체성을 찾는 건 좋은 일이야'라고 하셨어요."

그녀가 고개를 들어 나를 바라봤다.

"그 순간 난 정말 행복했어요. 이루 말할 수 없이 행복했어요. 이제 보니 가족들은 오래전부터 나를 있는 그대로 받아들이고 있었던 거예요."

"그래요. 미혜 씨는 그냥 미혜 씨니까요."

나는 조용히 말을 이었다.

"일부 사람은 쉽게 받아들이기 어려울 수도 있어요. 미혜 씨 어머니도 그렇고 살면서 맞닥뜨리는 다른 사람들 중에서도 말이에요. 하지만 특별히 괘념치 않는 사람도 있어요. 그들은 미혜 씨라는 사람 그대로의 모습을 좋아하는 거니까요. 미혜 씨는 자신을 어떻게 바라볼지 스스로 선택할 수 있어요."

그녀가 고개를 끄덕이며 힘이 되는 말을 했다.

"나의 정체성을 꿋꿋이 지키고 싶어요. 남이 나를 함부로 정의하고 꼬리표를 붙이지 못하도록 나 자신을 보호할 거예요."

그러고는 미혜가 또 웃었다. 이번에는 진심이 담긴 찬란한 웃음이었다.

"진심으로 자신을 받아들이는 것이 이렇게 좋은 기분이었군요. 결론은 내 그대로의 모습도 무척 좋다는 거예요."

정말 괜찮다. 참으로 좋다. 그토록 노력하던 당신이니 어찌 좋지 않을 수 있을까? 이제는 다른 사람의 평가에 연연하며 자신을 잃어버렸던 과거의 내가 아니다. 진정한 나를 되찾아 나의 느낌대로 살 것이다. 우리에게는 외부 세계의 곱지 않은 시선을 막을 수 있는 힘이 있다. 그것만으로도 괜찮다.

상대를 필요로 하고 있음을 인정하라

저도 당신을 사랑해요

지민과 '과도 노력'이라는 인생 전략을 얘기하는 과정에서 부모님에 관한 주제를 피할 수 없었다. 그런데 부모님에 대한 그녀의 정서는 상당히 복잡하다.

내가 쓸모 있어야 사람들이 사랑한다는 믿음

아버지에게는 무감정으로 대함으로써 자신을 방어했다. 이는 아버지에게 기대를 품지 않음으로써 실망하거나 상처받지 않으려는 생각에서 비롯되었다. 그래도 아버지를 사랑하는 마음이 자신에게 있음을 은연중에 알고 있었지만, 과거의 상처가 너무 커서 지민이 사랑에 다가가기도 전에 부모에 대한 실망이라는 분노의 늪에 빠져 버렸다. 이런 분노는 자기방어를 위해 '무감정'이라는 정서의 단절을 불러왔다.

어머니를 대하는 것도 지민에게는 쉽지 않은 일이었다. 그녀는 어머니의 사랑을 제대로 받지 못하고 자랐다. 어머니는 딸인 지민은 물론 자신에게도 매우 엄격했으며, 그녀 자신도 지나치게 노력하는 사람이었다.

지민은 자신의 감정 표현 방식이 대부분 어머니의 복사판이라는 것을 깨달았다. **사랑을 갈구하면서도 입 밖으로 말하지 않았다. 때로는 엄격한 방식으로 자신과 타인을 대했으며, 그 속에서 안도감을 느꼈다.** 그리고 그런 방식을 통해 사랑을 갈구하면서도 받지 못하는 자신의 허한 마음을 달랬다.

자신이 사랑을 갈구한다는 사실을 인정하는 것은 지민에게 무척 힘든 일이다. 따라서 그녀가 이해받지 못한다고 느끼거나 주변 사람과의 감정 교류에 소원하여 불안함을 느낄 때, 습관적으로 더 많은 일을 해냄으로써 **자신이 쓸모 있는 존재**라는 사실을 증명하려고 했다. 이런 방식으로 내면의 불안감을 해소하고 타인과의 거리를 좁혀 갔다. 그녀는 자신이 쓸모 있기 때문에 사람들이 사랑하고 자신에게 다가온다고 믿었다.

그러나 사람들이 정말 그런 이유로 그녀에게 다가가고 그녀를 필요로 할 때, 그녀 내면에는 일종의 자포자기식 느낌이 고개를 내밀었다. '그래, 사람들이 내게 다가오는 건 단지 내가 쓸모 있어서야.' 이런 생존 전략은 지민을 완벽하게 보호해줬다.

하지만 **자신이 사랑을 갈구한다는 사실을 주변에 알릴 기회가 없었고, 주변에서도 그녀에게 '그렇게까지 노력하지 않아도 우린 널 사랑해'라는 메시지를 전할 틈이 없었다.** 그러다 보니 자신이 그토록 애쓰는 이유가 사랑을 주고 싶고, 또 사랑을 받고 싶어서라고 표현할 기회가 없었다. 진실한 감정에 호소할 수 없다는 좌절감은 언제부터인가 초조함과 불안함으로 변해 내면 깊은 곳에 자리 잡았다. 이런 정서 때문에 지민은 더 노력해서 안도감을 느껴야 했고, 노력할 여력이 없을 때는 쇼핑으로 내면의 불안감을 해소해야 했다.

오랜만에 만난 아버지

이런 정서와 수요를 어떻게 건드리고 인정할 것인가는 우리 두 사람의 상담 과정에서 매우 중요한 핵심이 되었다. 그러던 중 지민의 생활에 아주 중대한 사건이 발생했다. 그녀는 상담을 몇 차례 연기하더니 다시 나타났을 때는 한 달이 지난 후였다. 오랜만에 보는 그녀는 초췌한 모습이었다.

"아버지가 돌아가셨어요."

지민이 불쑥 던진 첫마디에 나는 소스라치게 놀랐지만, 이내 평정심을 되찾고 그녀의 말을 경청했다.

"몇 주 전에 갑자기 아버지가 중환자실에 계신다는 연락을 받았어요. 처음엔 현실감이 없었어요. 남편이 함께 문병을 가자고 했지만 내가 거절했어요. 그러고는 농담처럼 그에게 말했어요. '아빠를 만나면 울음이 안 나올 텐데 어쩌지? 옆에 있는 사람들이 불효녀라고 수군대지 않겠어?' 사실 그 연락을 받고 처음엔 슬픈 생각이 들지 않고 오히려 현실 같지 않다는 느낌이 더 컸어요. 게다가 선생님과 최근까지 아버지에 관한 대화를 나누면서 내가 아버지에게 여전히 화가 나 있다는 걸 느꼈으니까요."

지민이 앙다문 입에 힘을 주며 탁자 위에 놓인 컵을 들고 물을 한 모금 마셨다.

"그 후 병원에 찾아가 아버지를 만났어요. 오랜만에 만난 아버지는 병상에 누워 호스를 끼고 움직이지도 못했어요. 그 모습을 바라보는데 복잡한 심정이 되더군요."

그녀는 텅 빈 눈빛으로 말했다.

"어릴 때 아버지는 나처럼 주사를 겁내고 병원을 싫어하셨어요. 그런 분이 꼼짝 못 하고 병원에 누워 있으니 얼마나 불편하실까 하는 생각이 들었어요. 그리고…… 오랜만에 만난 아버지는 너무 늙어버렸어요."

그녀의 눈에 어렴풋이 눈물이 맺혔다.

아픔이 크면 눈물도 나오지 않는다

"의사는 아버지의 병세가 위중하다며 빠르면 하루 이틀, 길어야 한두 주밖에 못 버티실 거라고 하더군요. '이제 어쩌지? 아버지에게 또 가봐야 하나?' 하는 생각이 들었어요. 엄마에게 연락했더니 놀라시면서도 아버지를 만나러 가겠다는 말은 하시지 않았어요. 어차피 두 분 사이에 불쾌한 기억이 많았으니 이해할 수 있겠더군요."

마치 자신을 응원하듯 지민은 자신의 손등을 가볍게 어루만졌다. 나는 고개를 끄덕이며 그녀의 말에 귀를 기울였다.

"친한 친구에게 전화로 아버지 얘기를 했어요. 그 친구는 의미심장한 말투로 당장 아버지를 찾아가 이야기를 하라는 거예요. 좋은 이야기든 나쁜 이야기든 말하면 최소한 들으실 수는 있을 거라면서요."

그녀가 갑자기 웃으면서 한숨을 쉬었다.

"생각해보니 아버지와 한 번도 대화다운 대화를 나눠본 적이 없어요. 거의 냉랭하게 대하거나 말다툼한 기억이 대부분이에요. 그래서 아버지가 계신 병원을 그 주 내내 찾아갔어요. 집에서 병원까지 차로 왕복 두세 시간이나 걸리는 먼 거리였지만 아버지를 찾아가 얘기를 했어요."

"무슨 얘기를 했어요?"

"처음엔 아버지에게 원망을 쏟아내기만 했죠!"

그러고는 지민이 웃었다.

"왜 날 버렸느냐고, 내가 부족해서 버린 거냐고 따졌죠. 아버지의 무책임한 행동으로 엄마와 내가 얼마나 고생했는지, 아버지가 있는 다른 집 아이들을 내가 얼마나 부러워했는지 아느냐고 원망했어요.

부모님이 건재하는 가정은 내가 아무리 노력해도 이룰 수 없는 꿈이었다고 말했죠."

두 눈에 눈물이 고여 있었지만 지민은 이를 억누르면서 평소와 같은 목소리로 말을 이어나갔다. 나는 그녀가 애써 참고 있다는 것을 안다. 너무 가슴 저리는 아픔 앞에서는 눈물을 흘릴 수도 없다. 눈물을 흘리는 순간 무너질까 봐 두렵기 때문이다.

아버지의 지갑 속 비밀

"그렇게 며칠이 지나니 어느새 원망의 말은 하지 않게 되었어요. 그때부터는 아버지를 대단하게 생각하고 있었다고 말하기 시작했어요. 아버지는 재주가 뛰어난 분이지만 그것 때문에 엄마와 나를 버리고 아버지 자신의 인생까지 망쳐 크게 실망했다고 했죠. 이런저런 이야기를 계속하다 보니 나중에는 무슨 말을 더 해야 할지 모르겠더라고요."

지민이 쓴웃음을 지었다.

"어쩌면 아버지가 내 인생에 참여한 부분이 너무 없어서, 아니면 내가 기억하는 부분이 많지 않아서인지도 모르겠어요. 그래서 그 며칠 동안 어떤 말을 해야 할지 몰랐던 거죠. 그저 내 힘이 닿는 한 아버지의 임종을 지키며 함께했어요."

그녀가 또 물 한 모금을 마셨다.

"돌아가시던 날 병원에서 아버지의 물품을 건네받았어요. 지갑을 열어 보니 사진 두 장이 있었는데, 한 장은 젊은 시절의 엄마 사진이고, 다른 한 장은 서너 살 무렵에 찍은 제 사진이었어요."

지민이 갑자기 폭풍 같은 오열을 쏟아냈다. 갑작스럽게 눈물이 걷잡을 수 없이 터져 나온다.

"정말 모르겠어요. **아버지가 왜 우리와 함께 있기를 원하면서도 곁에 머물지 않았는지 모르겠어요. 그동안 나는 아버지의 사랑을 갈구하고 있었어요. 왜냐하면 난 아버지를 진심으로 사랑했으니까요.**"

부모의 어려움을 내세워 자신을 벌하지 말라

지민이 마침내 인정한 사랑이 상담실 안에 메아리쳤다. 한편으로 곤혹감도 지민의 머릿속을 맴돌며 따라다녔다. 살다 보면 이렇게 어쩔 수 없는 일도 있다. 어쩌면 그녀는 자신이 궁금해하는 문제의 그 답이 무엇인지 영원히 모를 수도 있다.

"아버지가 어떤 생각을 했으며 왜 우리 곁을 떠나야 했는지, 어쩌면 영원히 모를 수도 있어요. 선생님 말처럼 **부모에게도 그분들 나름의 고민이 있을 테니까요.**"

나는 눈물을 참으며 그녀를 향해 고개를 끄덕였다.

"그분들 나름의 고민이 있을 거예요. 자녀가 그걸 굳이 알려고 하거나 수용할 수는 없는 거죠. 하지만 자녀는 부모의 어려움을 내세워 자신을 벌해서는 안 돼요."

"맞아요. 자신을 벌줄 필요는 없어요. **아버지를 사랑하고 필요로**

한 게 내 잘못은 아니니까요. 그걸 인정해야겠죠?"

나를 바라보며 뜨거운 눈물을 쏟는 지민에게 나는 고개를 끄덕였다.

나 자신을 사랑하는 법을 배우고 싶어요

"내가 그렇게 애썼는데도 아버지가 집으로 돌아오지 않은 건 내 잘못이 아니에요. 그건 아버지의 문제였던 거죠. 안 그래요?"

지민이 눈물을 더 펑펑 쏟았다. 나는 그녀를 지긋이 바라보며 계속 고개를 끄덕였다. 그녀에게서 언뜻 어떤 표정이 스치는 것이 보였다. 그것은 한 번도 보지 못한 표정이었다.

"지민 씨, 지금 무슨 생각을 하고 있었어요?"

내가 조용히 물었다.

"갑자기 나 자신이 가여워졌어요."

지민이 울면서 손등으로 눈물을 훔쳤다.

"난 정말 엄청나게 노력했어요. 모두를 즐겁게 하고 사랑과 인정을 받기 위해 애썼어요."

"그동안 포기하지 않고 사람들이 원하는 대로 노력한 것은 지민 씨가 사람들을 사랑하는 방식이자, 그들에게서 사랑받고 싶은 방식이에요."

내가 조용히 그녀의 말에 호응했다.

"그런 것 같아요. 근데 이젠 충분하단 생각이 들어요. 이제 다른 방법을 시도해서 나 자신을 사랑하는 법을 배우고 싶어요."

지민이 서서히 눈물을 거두고 고개를 들어 나를 바라봤다.

"저와 함께해주실래요?"

지민의 말에 나는 진지하게 고개를 끄덕였다. 마침내 그녀는 자신이 원하는 길을 찾아냈다. 우리는 함께 모색하고 새로운 길을 함께 찾아 나설 것이다.

손을 내미는 연습

이번에도 강인은 아내인 영신과 함께 상담실을 찾았다. 소파에 나란히 앉아 세심한 교감을 주고받는 것을 보니 두 사람의 관계가 상당히 좋아진 듯하다. 내가 자리에 앉자마자 영신이 웃으며 내게 인사를 건넸다. 나도 가볍게 화답하며 화두를 열었다.

"요즘은 어떻게 지내요?"

"전보다 훨씬 나아졌어요. 얼마 전 주말에는 함께 외출도 했고 가끔 집에서 함께 쉬기도 해요. 이 사람이 나를 대하는 것도 많이 달라져서 아주 좋아요."

영신이 웃으며 강인 쪽을 힐끗 쳐다봤다.

"그리고 이젠 저 혼자 술 안 마셔요. 마시더라도 이 사람과 함께 마시죠. 일주일에 두 번 정도는 함께 와인을 마시고 맛있는 것도 먹으면서 대화를 나누죠."

강인이 일부러 입술을 일그러뜨려 우스꽝스러운 얼굴을 만들어 보였다. 홀가분한 분위기가 방 안을 가득 채웠다.

"하지만 한 가지 짚고 넘어가고 싶은 일이 있어요. 이 사람은 얘기 해도 된다고는 했는데, 내가 말할까요?"

영신이 동의를 구하는 눈빛으로 강인을 바라봤다.

"이 사람이 퇴근해서 집에 와도 나와 대화하는 건 어색해했어요."

영신이 강인의 표정을 살피며 입을 열었다.

"특히 좋지 않은 표정으로 집에 들어서는 날은 입을 닫고 핸드폰 을 하거나 게임만 하는 거 있죠."

"그게 내가 스트레스를 해소하는 방식이라고 했잖아!"

강인이 어쩔 수 없다는 듯 말했다. 그러나 전에 비하면 말투가 많 이 누그러져 있었다.

"그게 당신 스트레스 해소하는 방식이란 걸 알아. 그리고 나도 괜 찮다고 생각해. 다만 밖에서 안 좋은 일이 있을 때 당신이 입 다물고 있으면 걱정 돼."

나의 얘기를 하는 게 습관이 안 됐어

이번에는 영신이 강인의 기분을 신경 쓰는 것이 보였다. 그녀는 단어 하나에도 신경을 쓰면서 자신이 그를 탓하는 것처럼 보이지 않게 애썼다.

"그러니까 아내분은 남편분의 짐을 나눠 갖고 싶은 거군요. 특히 회사에서 스트레스를 받은 일이 있을 때 말이에요."

내 말에 강인이 심호흡을 길게 했다. 그의 표정을 바라보며 질문했다.

"아내분이 그런 말을 하는 의도는 알고 있죠?"

강인이 심호흡을 한 번 더 하며 말했다.

"알아요. 내가 다 얘기하고 털어버렸으면 하는 마음이겠죠. 그래도 말하는 게 습관이 안 된걸요."

그는 그렇게 얘기하고는 말을 멈췄다.

"내 얘기를 하는 게 습관이 안 돼서 그래요."

"그게 무슨 말이에요?"

우리가 또 어떤 문제에 봉착했다는 느낌이 왔다. 그는 잠시 생각하더니 대답했다.

"모르겠어요. 말해서 좋을 게 없다는 생각이 들어서요."

"어떤 이야기이기에 말해서 좋을 게 없다고 생각했을까요?"

내가 질문을 이어갔다.

"예를 들어 직장에서 기분 나쁜 일을 당했을 때 말해서 좋을 게 없다는 생각이 들어요. 불만을 털어놓는 게 좋지 않다는 생각이에요."

"불만을 털어놓는 게 뭐가 나빠요?"

나는 강인이 입을 열지 않는 것은 불만을 말하는 것이 나쁘다고 생각해서라는 걸 느꼈다.

"해봐야 아무 소용이 없잖아요! 불평불만은 부정적인 결과를 가져와요. 집안 분위기만 나빠지고 해결할 수도 없는데다가 사람들은 그런 걸 듣기 싫어하죠."

강인이 속사포처럼 말을 쏟아냈다.

"부정적 에너지로 가득한 말을 하면 **아무도 듣고 싶어 하지 않는다**고 생각하나요?"

우리가 매우 중요한 핵심을 건드렸다는 느낌이 왔다.

"그래도 난 듣고 싶어!"

영신이 미리 짜기라도 한 듯이 내 말에 맞장구를 쳤다. 우리 둘은 그야말로 완벽한 콤비였다. 강인이 또 심호흡을 했다.

"하지만 당신도 나름대로 고민이 있을 텐데 내 고민까지 들으면 피곤할 거야. 그리고 그 정도는 나 혼자 삭일 수 있어."

"말하는 게 싫은 건가요, 아니면 겁이 나서인가요?"

나는 그를 바라보며 천천히 물었다.

"걱정하는 일이 뭐예요? 말하고 나면 무슨 일이 생길까 봐 두려워요?"

강인이 나를 바라봤고, 나는 그와 영신을 번갈아 봤다. 영신도 남편을 바라봤다. 세 사람 사이에 한동안 적막이 흘렀다. 우리는 강인이 무엇을 그토록 힘들어하는지 말해줄 때까지 기다렸다. 한참 후 그가 한숨을 내쉬었다.

불평불만을 터뜨리는 내 모습이 싫어요

"불평불만을 터뜨리는 내 모습이 싫어서 그래요! 아무 소용이 없는 짓이잖아요. 전에 어머니가 불만을 터뜨리면 아버지는 처음엔 들어주다가 차츰 안 들어주더니 결국 집으로 돌아오지 않았어요. 어머니는 결국 술을 마시면서 혼잣말로 푸념을 할 수밖에 없었죠"

자신의 취약함을 원망하고 보여주는 모습은 과거 강인의 어머니가 자주 보여주던 모습이었다. 그리고 결국은 좋지 않은 결말을 가져왔다. 당시 강인도 어머니의 하소연을 들어주지 않았다. 그래서 지금은 아무리 힘든 일이 있어도 자신이 혼자 힘으로 그것을 소화해야 한다고 생각한다.

그동안 그는 모든 어려움을 홀로 감내해왔다. 그의 말을 들어주는 사람은 아무도 없었다. 강인은 자신의 취약한 모습과 정서를 보여줄 때 어머니와 같은 대우를 받지 않고 상대의 진정한 이해와 포용을 구할 수 있을지 확신하지 못했다.

당신의 이야기는 내가 꼭 들어줄게

내가 강인이 걱정하는 것을 말하려고 할 때, 그는 말없이 손등만 어루만졌다. 마치 자신을 위로하는 듯. 이때 영신이 조용히 그의 손을 잡아당겨 가볍게 툭툭 쳤다.

"괜찮아. 당신이 얘기하면 내가 꼭 들어줄게. 정말 들어줄 수 없을 때는 당신에게 알려줄게. 그러면 그때 가서 혼자 삭여도 상관없잖

아. 하지만 **내가 힘닿는 데까지는 당신 곁에서 당신이 다른 사람에게 하기 어려워하는 얘기를 들어주고 싶어.**"

말을 마친 영신이 고개를 돌려 강인을 바라봤다.

"당신 나 믿지?"

강인의 눈이 순식간에 벌게졌다. 그는 아무 말 없이 영신의 손을 꼭 쥐었다. 어쩌면 강인의 과거 상처와 사람에 대한 신뢰는 조금씩 회복해야 할 수도 있다. 하지만 강인을 사랑해주는 아내가 있는 한 그는 점점 용감해지리라 믿는다. 과거에는 자신에게 냉담했으나, 지금은 그에게 축복을 보내는 세상을 용감하게 신뢰할 것이다.

오늘의 일과를 끝내고 상담소를 나섰다. 길을 건너려고 할 때 강인과 영신이 나와 등지고 서 있는 모습을 발견했다. 때마침 녹색등이 켜지고 강인이 먼저 영신의 손을 잡고 손가락 깍지를 꼈다. 그러자 영신이 그를 향해 고개를 돌리고 밝게 웃었다. 아름답기 그지없는 장면이었다. 나는 그 장면을 결코 잊을 수 없다.

현재의 나는 선택할 수 있다

"오빠를 찾아가서 얘기를 나눴어요. 그리고 최근에 피아노 강습도 받기 시작했어요."

영혼이 깃든 눈빛

진주는 어릴 때부터 음악을 좋아해서 꽤 오랫동안 피아노 강습을 받았다. 그러나 그녀의 부모는 음악 공부를 하면 돈을 벌 수 없다며 중학교 때부터는 피아노 강습을 그만두게 했다. 최근 그녀는 피아노에 대한 흥미가 되살아나서 레슨을 받기 시작했으며, 재즈 피아노를 배우고 있다. 레슨을 받는 과정에 대해 말하는 진주의 눈이 초롱 초롱 빛났다. 그것은 영혼이 깃든 눈빛이었다.

"피아노를 치면 마음이 편안해져요. 그래서 몇 시간이나 집중해서 칠 수 있어요."

그녀가 말을 이었다.

"난 피아노를 치는 내가 좋아요. 다른 사람의 기대나 목적에 신경 쓸 필요 없이 집중해서 연주하며 내가 좋아하는 일을 하고 있어서 겠죠. 나는 이런 느낌이 좋아요. 하지만……."

그녀는 잠시 말을 멈췄다. 나는 도중에 끼어들지 않고 잠자코 그녀의 말을 들었다.

"아빠는 내가 피아노 레슨을 시작한 걸 알고 찬물 끼얹는 말씀을 하셨어요. 나이가 몇인데 이제 피아노를 배워서 뭐 하겠느냐고 하면서요."

그러고는 자조적으로 웃었다.

"아빠는 모든 것을 돈벌이와 연관시켜야 직성이 풀리나 봐요. 돈이 안 되는 일은 무조건 쓸모없는 짓이고, 그런 걸 하면 시간을 낭비할 뿐이라고 생각해요."

"진주 씨는 부모님의 생각에 영향을 받았어요?"

"오빠와 얘기를 나눠서인지는 몰라도 전 같으면 영향을 받는데 지금은 아무렇지도 않아요."

진주가 웃으며 나를 바라봤다.

"아참! 처음에 말씀드렸어야 했는데, 저 오빠랑 얘기를 나눴어요."

나는 고개를 끄덕이며 그녀가 계속 이야기하도록 격려했다.

오빠에게도 고충이 있었어요

"오빠가 사는 곳에 찾아갔더니 꽤 놀라더군요. 그날 저녁에 우리는 많은 대화를 나눴어요."

진주가 나를 쳐다보며 말했다.

"알고 보니 오빠에게도 고충이 있었어요."

"오빠가 무슨 얘기를 해줬어요?"

"전에 부모님이 오빠 때문에 많이 싸웠다고 하더군요. 그때마다 오빠는 죄인이 된 기분이었대요. 그러면서도 한편으로는 화가 났대요. 오빠는 내가 부모님 마음에 드는 짓만 하며 착한 딸로 잘 지내는 걸 보고 감탄했대요."

그녀는 웃으며 말을 이었다.

"오빠가 일부러 말썽을 부리는 타입은 아니에요. 하지만 엄마 아빠를 기쁘게 해드린다고 한 일이 결국 두 분을 화나게 하는 경우가 많았죠. 자꾸 그런 일이 일어나니까 오빠도 아예 부모님 마음에 들기를 포기하고 자기 하고 싶은 대로 했죠. 오빠가 몇 시간 동안 해준 얘기는 대부분 부모님을 기쁘게 해드리려다 실패한 사례였어요. 세상에! 오빠도 참 힘들었겠다는 생각이 들더군요."

여기까지 말한 진주가 큰 소리로 웃었다.

"오빠의 말을 들으면서 어떤 생각이 들었어요?"

"오빠는 부모님 눈에 드는 행동을 해내지 못해서 자기 길을 찾았는데, 난 너무 잘해내서 하고 싶은 걸 포기하고 살았다는 생각이 들었어요. 정말 아이러니죠."

진주가 쓴웃음을 지었다.

"진주 씨는 유능해서 다른 사람이 원하는 것을 유심히 살피고 사람들의 요구를 충족시킬 수도 있었지만, 자신의 역량을 다른 사람에게 다 써버렸다는 사실을 깨달았겠네요."

내가 진주의 생각을 이렇게 정리하자 그녀는 부끄럽다는 듯이 나를 바라봤다.

"오빠의 말을 듣고 사실 나도 그렇게 생각한 것 같아요. 하지만 그건 너무 얼굴 두꺼운 생각이잖아요. 근데, 정말 그럴 수도 있겠네요?"

"물론이죠. 그렇지 않았다면 어떻게 부모님이 원하는 대로 할 수 있었겠어요?"

나는 진주의 말에 힘을 실어줬다.

우리가 다른 사람의 요구나 기분을 배려하여 자신의 마음과 정력을 과도하게 바치는 순간, 아무리 능력이 있어도 통제당한다는 느낌에 갇혀서 자신에게 능력이 있다는 사실을 느낄 수 없게 된다. 그 역량을 되찾아온 후에야 비로소 우리는 그것을 갖고 있었음을 알 수 있다.

다른 사람을 더 소중히 했던 내게 화가 나요

"오빠는 또 자기가 날 버린 게 아니란 말도 했어요. 자기가 집에 있으면 부모님과 자주 충돌을 빚게 되고, 그래서 자기가 집안 분위기를 망친다는 생각에 스트레스를 많이 느꼈대요. 몇 차례 부모님과 충돌을 빚거나 부모님이 싸울 때마다 내가 말없이 방에 들어가 우는 모습을 봤대요. 오빠가 대학 다닐 때 충동적으로 가출한 후, 내가 걱정이 되어 몇 번이나 날 찾아와 얘기하려고 했는데 그때마다 내가 거절했대요. 오빠는 내가 자기 때문에 화가 났다는 걸 알고 내 화가 풀리기를 기다렸대요."

진주가 한숨을 내쉬었다.

"그런데 그 기다림이 뜻밖에도 이렇게 길어져 버렸어요."

"진주 씨도 안타까움을 느꼈나 봐요?"

내가 조용히 물었다.

"그동안 오빠가 날 버렸고, 나 혼자서 집안을 걱정하고 혼자 노력했다고 생각했어요. 그런데 오늘 보니 내가 오빠와 아버지에게 화를 낸 거였어요. 물론 엄마한테도 화가 났죠. 왜 애초에 나한테 집을 나가고 싶다고 말해서 날 볼모로 잡고, 엄마가 원하는 방식을 억지로 따르게 했는지 말이에요. 나를 이해해주는 사람이 없는 게 화가 났고, 나한테 뭐가 필요한지 묻는 사람이 없어서 나만 사람들이 원하는 걸 내주며 살았다는 게 화났어요. 전에 선생님이 말씀하셨죠. 마음이 어지러울 때는 일기를 써서 자신과 대화하고 자신이 과연 뭘 원하는지 알아보라고요. 그래서 일기 쓰기를 시도했어요. 처음엔 무척 어려웠고, 쓸수록 짜증이 나서 몇 자 쓰지 못하고 펜을 던져버렸어요."

진주가 웃었다.

"하지만 이내 마음을 가다듬고 일기 쓰기를 시도했죠. 일기를 쓰면서 발견한 건데, **가장 화나는 순간은 내가 사람들을 나 자신보다 중요하게 생각하는데 나는 그들에게 같은 대접을 받지 못한다는 기분이 들 때였어요.**"

부모님과의 충돌을 피하려는 선택

"진주 씨는 왜 그 사람들을 자신보다 더 중요하게 여겼어요?"

내가 아주 중요한 질문을 했다.

"그 문제에 대해 저도 생각해본 적이 있어요."

진주가 웃으면서 대답했다.

"제 자신에게 몇 번이나 물어봤는데, 사람들을 나보다 중요하게 생각한 것은 **내가 중요하지 않은 존재여서** 아무나 나를 버릴 수 있다고 생각했기 때문이란 걸 깨달았어요. 그래서 사람들을 기분 좋게 하기 위해 노력해야 했어요. 결국 내가 다른 사람을 위한 선택을 했다고 여긴 것이 사실은 그것도 나 자신을 위해서란 걸 깨달았어요."

"생존을 위해서라고 말할 수 있겠네요!"

나는 진주의 말에 공감을 표했다.

"진주 씨는 다른 사람을 자신보다 중요하다고 생각하는 이유가 자신이 중요하지 않다는 생각에서 비롯됐다고 했어요. 버림받는 게 두려워서 사람들을 기쁘게 해주려고 노력한 거죠. 계속 그렇게 하면 너무 힘들지 않아요? 그 사실을 발견한 것이 진주 씨에게 어떤 영향을 미쳤나요?"

"상담을 받고 오빠를 만나 대화를 나누고 나서 깨달은 게 있어요. 그동안 많은 것을 내가 선택하지 않았다고 생각하며 살았어요. 가령 부모님 말씀에 따르거나 내가 원하는 학과를 가지 못한 것, 부모님이 원하는 직업을 택한 것 등이 내 선택이 아니라고 생각했죠. 하지만 그것은 내가 '부모님과의 갈등을 피하는 길'을 선택한 거였어요. 그런 방법으로 부모님의 인정을 받으려고 한 거죠. 나는 오빠처럼 자신을 믿고 자신이 원하는 선택을 하며 그걸 감당할 자신이 없었으니까요. 지금의 직장도 물론 부모님이 원해서 간 거지만, 생각해보면 그 직장을 선택함으로써 나도 안심할 수 있었어요. 나는 불안정한 직업이 싫고 외부와의 경쟁에 대처할 능력이 없어서 불안했으니까요."

진주가 물을 한 모금 마셨다.

"지난날 나는 비교적 쉬워 보이는 길을 선택했기 때문에 생각할 필요가 없었어요. 지금은 많은 시간을 들여 생각해야 해요. 어차피 내 인생은 나 자신의 것이니까요."

정곡을 찌르는 말을 마치고 진주가 웃었다.

"그래서 지금은 나 자신에게 더 많은 시간과 기회를 줘서 내가 원하는 것, 내가 할 수 있는 일을 탐색하려고 해요."

그렇게 말하고는 진주가 나를 바라봤다.

"그런데 나 자신을 탐색하고 피아노 레슨을 시작한 후 쇼핑을 잘하지 않게 되었어요. 마음이 텅 빈 것 같은 허전함도 많이 사라졌어요. 특히 피아노를 칠 때는요."

진주가 웃으며 덧붙였다.

"쇼핑에 쓸 돈을 아껴서 피아노 레슨 받으면 돼요."

나는 진주의 생각에 감탄했다. '인생의 많은 선택은 자신의 상상만 못하다'는 현실을 직시하기란 쉽지 않은 일이다. 잘못되어도 남의 탓을 하지 않고 스스로 책임을 지면서 불확실성이 가득한 미래에 용감하게 맞서는 것은 그야말로 대단한 일이다. 우리가 내면의 두려움을 진실하게 대하고 장애물과 도전을 극복하며 자신이 진정으로 원하는 것을 하며 이 세상에 살아 있다는 것을 느낄 때, 쇼핑중독 같은 초조한 도피 전략은 서서히 자취를 감출 것이다.

상담실을 나서기 전 진주가 이 말을 남겼다.

"과거의 나는 다른 사람을 위해 노력했어요. 이제 나는 자신을 위해 용기 내고 싶어요."

나 또한 진주의 말과 행동에서 많은 힘을 얻었다.

효민은 그 후에도 나를 찾아와 한동안 상담을 받았다. 이 과정에서 우리는 그녀의 오랜 꿈인 의상 디자인을 전공할 수 있는 실천 방법에 대해 얘기를 나눴다. 그녀는 자신의 힘으로 이를 시도해보겠다고 했고, 이것으로 상담을 마쳤다. 어느 정도 시간이 흐른 후 그녀가 메일을 보냈다.

●●●

선생님, 안녕하세요? 효민이에요. 저는 지금 프랑스에 도착해서 첫 학기 입학을 준비하는 중이랍니다. 상담을 받을 때 의상 디자인이 꿈이라는 얘기를 드렸었죠. 하지만 부모님은 의상 디자인이 현실에 맞지 않고 공부할 때 돈이 많이 들어간다며 반대하셨어요. 상담을 받으면서 앞으로 나는 과연 누구를 위해 살아야 하나 계속 고민했어요. 그리고 마침내 답을 찾았고, 그토록 동경하는 의상 디자인 공부를 위해 프랑스에 있는 디자인 학교에 가야겠다고 결심했어요.

그런데 선생님과 상담을 하면서 많은 생각을 하게 되더군요. **집에서 대주는 돈에만 의존해서는 가족의 인정을 받거나 스스로 독립하기 힘들고 결국 자신을 찾는 것도 어려울 거**라고 선생님이 말씀하셨죠. 얼마 전까지도 아버지께 경제적 도움을 받았는데,

그러다 보니 제 힘은 더 약해졌어요. 그래서 이번에 디자인 학교에 원서를 내면서 장학금을 받을 수 있는지 알아봤어요. 꿈에 다가갈 수 있는 입장권을 손에 넣을 수 있는지 최소한 시도라도 해보자는 생각이었죠. 그 후 제가 원하는 학교에 갈 수 있게 되었는데 장학금 액수가 많지 않았어요.

그래서 은행 대출을 받거나 부모님께 돈을 빌리든지 둘 중 하나를 택하기로 했어요. 일단 은행에 대출을 신청하고, 한편으로는 부모님께 유학을 가기로 했다고 말씀드렸어요. 엄마는 그런대로 받아들였는데 아버지가 완강히 반대하셨어요. 돈만 낭비하고 아무 성과도 없을 거라고 생각하신 거죠. 하지만 저는 차분히 두 분을 설득했어요. 돈을 그냥 달라는 것이 아니라 빌려달라고 말씀드렸죠. 그리고 지금은 갚을 능력이 안 되지만 공부를 마치고 일만 시작하면 돈을 갚겠다, 대신 너무 비싼 이자는 못 드린다고 했죠.

물론 두 분이 제 부탁을 거절하셔도 상관없고, 은행 대출을 받으면 된다, 그렇게라도 이 공부는 반드시 할 거라고 말씀드렸죠. 아버지는 노발대발하셨지만 나는 처음으로 하고 싶은 말을 다 했어요. 아버지의 꾸지람과 나를 부정하는 말씀을 들으니 두렵기는 했어요. 하지만 마음을 다잡고 침착하게 하고 싶은 말을 다 했어요. 선생님이 하신 말씀이 생각났어요.

'우리는 요구할 수 있고 상대방도 거절할 수 있으며, 이것이 바로

한계다.'

그날 부모님과 얘기하고 있을 때 언니와 남동생도 집에 있었어요. 전에는 그런 상황이면 언니는 아버지와 함께 나를 나무라고 남동생은 엄마 옆에서 입을 다물어버렸어요. 그런데 이번에는 달랐어요. 내가 말을 마치자 아버지는 여전히 꾸중을 하셨지만 언니는 아무 말도 하지 않았어요. 그 후 뜻밖에도 언니가 자기가 돈을 빌려주겠다며 공부하러 가라고 하는 거예요! 정말로 소스라치게 놀랐어요. 당연히 언니의 도움을 받기로 하고 고맙다고도 했어요.

언젠가 상담 시간에 그들이 날 사랑하지 않아도 나는 그들을 사랑해야 하느냐고 선생님께 질문했던 게 기억나요. 선생님이 이렇게 대답하셨죠.

'그들이 사랑하고 안 하고는 그들의 선택이고 너 역시 선택할 수 있는 거다. 우열의 차이나 자아 가치와 상관없이 한 인간으로서의 선택이다. 네가 그들을 사랑하지 않는 걸 택할 수도, 사랑하는 걸 택할 수도 있다. **네가 그들을 사랑하기 위해 노력한다면, 그것은 너에게 사랑할 능력이 있다는 얘기다.** 따라서 내가 사랑한다고 해서 지는 것이 아니다. 내가 노력한다고 해서 나의 가치가 부족해서 그들의 인정을 필요로 한다는 의미가 아니다. 그것은 **나에게 사랑할 능력이 있음을 의미하며, 나의 노력은 나 자신을 위한 것이기도 하다.'**

그때 해주신 말씀을 지금도 가슴 깊이 간직하고 있어요.

출발을 일주일 앞두고 용기를 내서 엄마, 아빠, 언니, 동생에게 편지를 썼어요. 그리고 그들에 대한 나의 생각과 사랑을 써 내려갔어요. 그리고 그동안 제가 그들처럼 잘되어서 그들이 절 받아들여주기를 얼마나 원했는지에 대해 말했어요. 과거의 내가 얼마나 노력했는지를 말하고, 그러나 지금의 나는 스스로 다른 길을 선택했고, 전과는 다른 방식으로 나 자신과 가족을 사랑하고 싶다고 말했어요. 그 편지를 쓰는 건 과거에 노력했던 나에게 하는 중요한 고백과 같았죠.

그렇게 하고 나니 이제는 내려놓을 수 있다는 생각이 들었어요. 가장 잊을 수 없는 장면은 출발 당일이에요. 가족이 공항에 나오리라고는 기대조차 하지 않았는데 엄마와 언니가 공항에 나와 배웅해줬어요. 엄마는 저를 보자 눈물을 흘리며 미안하다고 했고, 아빠도 절 아끼지만 저에 대한 기대가 컸던 분이라 실망한 순간에 어찌할 바를 몰랐을 뿐이라고 전해줬어요. 언니는 나중에 읽어보라며 편지 한 통을 건넸어요.

공항 터미널에서 비행기를 기다리며 언니의 편지를 읽었어요. 언니는 제가 노력도 하지만 우수한 아이이며, 특히 그림에 대한 천부적 재능은 언니가 따라올 수 없는 수준이라고 말했어요. 게다가 친구도 제가 언니보다 많다고 했어요. 사실 언니는 그동안 내가 무척 부러웠대요. 그리고 가끔 상처 주는 말을 해서 미안하다며, 하지만 그럴 의도는 없었고 자기 습관이라 어쩔 수 없었대요. 그리고 제 꿈을 이루기를 바란다고, 충분히 해낼 수 있으니 제 자아를 되찾을 거라고 했어요. 마지막으로 무사히 잘 다녀오라는 말로 편지는 끝났어요. 그 편지를 읽고 나는 하염없이 눈물을 흘렸어요.

언니가 나를 부러워하고 언니에게도 힘든 부분이 있다는 걸 미처 몰랐어요. 이제 난 자신이 행복하다고 느껴요. 그동안 함께해 주신 선생님께 감사드립니다.

효민의 메일을 읽고 나는 뿌듯함을 느꼈다. 곧장 그녀에게 축복을 담은 답장을 썼다.

당신은 대체 불가능한 존재

상담심리사라는 직업은 '뱃사공'으로 표현되곤 한다. 나루터에서 유유히 흐르는 강을 바라보며 배에 오를 사람을 기다리는 존재다. 그들과의 인연은 노를 저어 강 건너편에 데려다주는 딱 그동안만이다. 내 쪽에서 노를 저을 때도 있지만 때로는 상대가 노를 저어 나를 건네주기도 한다. 그 과정에서 우리는 인생에 관한 대화를 나누고 교감한다. 나에 대한 신뢰를 바탕으로 한 사람의 진실과 용감함과 취약한 모습을 볼 수 있고, 마음을 교감하는 순간도 있다. 그리고 순간들은 내게 감동을 준다.

이 직업에 경외심과 애정을 갖지 않을 수 없다. 이토록 큰 신뢰를 받다 보니 상담심리사로서 더 노력하고 더 조심할 것을 스스로 다짐한다. 이 일을 하면서 늘 인간으로서의 성정을 느낀다. 상담을 통해 나 또한 한 명의 인간임을 깨닫는다. 그리고 상대방뿐 아니라 나 자신에 대해서도 느끼게 된다.

다른 사람과의 교감을 통해 자신의 가벼움을 깨닫고 더욱 겸손해져야 한다고 스스로 타이른다. 나는 모든 문제를 해결할 수 있는 신이 아니며, 단지 다른 사람과 함께하며 쉴 수 있게 해주고 자신을 돌아보게 하는 시간을 갖게 한다. 이런 인연을 가질 수 있으니 얼마나 큰 행운인가!

우리는 살아가면서 누구나 자신의 선택을 하고 자신의 모습을 드러내 보인다. **그것이 어떤 모습이든 모두 각자의 방식으로 노력하는 모습이다.** 자신의 인생길에서 노력하는 과정을 바라보면 우리는 그동안 열심히 살아온 자신을 인정할 만하다. 돌아보면 이미 많이 애쓴 자신에게 이렇게 말할 수 있다.

"그동안 살아오느라 고생 많았어. 네가 원한다면 넌 자신을 위해 노력할 수 있어. 하지만 노력으로써 자신을 증명할 필요는 없어. 왜냐하면 너라는 존재는 대체 불가한 가치를 지녔으니까."

모든 아이는 어릴 때부터 아무 조건 없이 사랑받고 받아들여지며 이해받는 느낌을 추구한다. 이런 사랑을 받을 기회가 없을 때, 우리는 아픔을 안고 살면서 스스로 그런 것에 관심이 없는 듯 가장하며 상처를 감춘 채 살아가는 어른으로 성장한다.

우리는 충분히 노력하지 않아서 발생하는 위험을 두려워한다. 사람들에게 얕보이고 무시당할까 봐 두렵고, 생존할 수 없고, 심지어 사랑받지 못하고 버림받을까 봐 두려워한다. 그래서 어릴 때는 다른 선택의 여지도 없이 무조건 열심히 해야만 했다. 그러나 성인이 된 우리는 이제 다른 선택지를 고를 기회를 스스로 부여할 수 있지 않을까? 자신에게 이런 말을 할 수 있으려면 자신에 대한 사랑이 필요하며 자기 자신을 용감하게 믿어야 한다.

어쩌면 우리는 부모와 타인으로부터 이런 사랑을 받을 기회가 없었는지도 모른다. 하지만 우리 스스로 자신을 사랑하는 시도를 해볼 수 있다. 타인의 평가와 눈길을 지나치게 의식하고 자신이 부족하다고 느낄 때, 외부로 향하는 눈길을 나 자신에게 고정하고 자신과 대화를 나눠보는 건 어떨까? **나 자신의 존재만으로도 의미 있고 가치 있으며 타인이 나를 정의할 필요가 없다는 말을 우리가 용감하게 믿을** 때, 우리가 자신의 편에 서서 자신의 친구처럼 좌절하는 자신을 응원하고 신뢰할 때, 타인에 비해 자신이 부족하고 나쁘다며 트집 잡는 것을 멈출 때, **우리는 생각보다 많은 지지와 힘을 자기 자신에게 줄 수 있음을 깨닫는다.**

이제 오늘의 일과를 마친다. 다음에는 누가 이 배에 올라탈지 궁금해진다.

더 노력해야 한다는 착각

초판 1쇄 2021년 11월 30일

지은이 저우무쯔
펴낸이 서정희
펴낸곳 매경출판㈜
옮긴이 차혜정
책임편집 신주식
마케팅 강윤현 이진희 장하라
디자인 김보현 이은설

매경출판㈜
등록 2003년 4월 24일(No. 2-3759)
주소 (04557) 서울시 중구 충무로 2(필동1가) 매일경제 별관 2층 매경출판㈜
홈페이지 www.mkbook.co.kr
전화 02)2000-2612(기획편집) 02)2000-2636(마케팅) 02)2000-2606(구입 문의)
팩스 02)2000-2609 **이메일** publish@mk.co.kr
인쇄 · 제본 ㈜M-print 031)8071-0961
ISBN 979-11-6484-349-7(03180)